Filipino Tapestry

Filipino Tapestry

Tagalog Language through Culture

Rhodalyne Gallo-Crail and Michael Hawkins

The University of Wisconsin Press

The University of Wisconsin Press
1930 Monroe Street, 3rd Floor
Madison, Wisconsin 53711-2059
uwpress.wisc.edu

3 Henrietta Street
London WC2E 8LU, England
eurospanbookstore.com

Copyright © 2012
The Board of Regents of the University of Wisconsin System
All rights reserved. No part of this publication may be reproduced, stored in a retrieval system, or transmitted, in any format or by any means, digital, electronic, mechanical, photocopying, recording, or otherwise, or conveyed via the Internet or a website without written permission of the University of Wisconsin Press, except in the case of brief quotations embedded in critical articles and reviews.

Library of Congress Cataloging-in-Publication Data

Gallo-Crail, Rhodalyne.
  Filipino tapestry : Tagalog language through culture / Rhodalyne Gallo-Crail and Michael Hawkins.
     p. cm.
  ISBN 978-0-299-28164-9 (pbk. : alk. paper) — ISBN 978-0-299-28163-2 (e-book)
  1. Tagalog language – Textbooks for foreign speakers – English. 2. Tagalog language – Conversation and phrase books – English. I. Hawkins, Michael (Michael C.) II. Title.
  PL6053.G25 2012
  499′.21182421 – dc23
                                                                              2011018264

Contents

	Scope and Sequence	vii
	Preface	xi
	Introduction	3
1.	Pagbati (Greetings)	9
2.	Pagsakay ng Dyip (Riding a Jeepney)	22
3.	Pamilya (Family)	35
4.	Barkada (Friends)	52
5.	Bahay (Home)	64
6.	Pamamalengke (Going to Market)	78
7.	Pagkain (Food)	92
8.	Salu-salo (Parties)	107
9.	Pagsamba (Religion)	118
10.	Pista (Festival)	130
11.	Aliwan (Pastimes)	143
12.	Buhay sa Bukid (Life in the Country)	153
13.	Buhay sa Siyudad (Life in the City)	166
14.	Tradisyon (Traditions)	179
15.	Pangingibang Bansa (Working Abroad)	191
16.	Kasaysayan (History)	204
17.	Pulitika (Politics)	215
	Vocabulary List	227

Scope and Sequence

The following gives teachers and students an overview of all the lessons and language skills and concepts included in *Filipino Tapestry*.

1. Pagbati (Greetings)
   Writing: Writing an e-mail with Q&A
   Speaking/Listening: Greeting different age groups
   Culture: Use of respect particle *po/ho*; Pagmamano
   Grammar: Markers; Simple sentences
   Assessment: Marking nouns; Appropriate greetings; Understanding different scenarios
   Reading: Reading minidialogs

2. Pagsakay ng Dyip (Riding a Jeepney)
   Writing: Writing simple directions; Describing new places
   Speaking/Listening: Common conversations; Song
   Culture: Public transportation; Proximity
   Grammar: Verb *paki*; Giving commands; Simple sentences and questions
   Assessment: Writing simple sentences and simple dialog; Interview: Q&A
   Reading: Reading the song "Limang Dipang Tao"

3. Pamilya (Family)
   Writing: Family tree
   Speaking/Listening: Dialog, different scenarios
   Culture: Cross-cultural differences; Intergenerational issues
   Grammar: Objective pronouns; review markers and simple sentences
   Assessment: Q&A; Information gap; Writing short narratives; Grammar use
   Reading: Short narrative "Ang Tindahan ni Aling Nena"

4. Barkada (Friends)
   Writing: Simple and appropriate dialog; Note taking; Tourism blurb; Sawikain
   Speaking/Listening: Dialog, different scenarios
   Culture: Barkadahan; *Ninong* and *ninang*; Cross-cultural friendships
   Grammar: Subjective pronouns
   Assessment: Q&A activity; Short narrative; Using pronouns
   Reading: Reading the song "Awit ng Barkada"

5. Bahay (Home)
   Writing: Labeling parts of a house; Describing
   Speaking/Listening: Listening, role-playing, and creating dialogs; "What's My Line?"

Culture: Proximity; Filipino home
Grammar: Linkers; More sentences; Different phrases
Assessment: Translation; Web development; Grammar use
Reading: Reading the song "Bahay ni Gary Granada"; Short narratives

6. Pamamalengke (Going to Market)
    Writing: Writing minidialogs
    Speaking/Listening: Role-playing minidialogs; Re-creating scenes from *palengke* video
    Culture: *Palengke* and *sari-sari* store
    Grammar: *Gaano*; *Magkano*; Adjectives; Adverbs
    Assessment: Summarizing; Q&A; Grammar use
    Reading: Short narrative "Ang Tindahan ni Aling Nena"

7. Pagkain (Food)
    Writing: Writing recipes; Descriptive writing
    Speaking/Listening: Role-playing different dialogs; Food trading
    Culture: *Merienda* culture; Rice at every meal
    Grammar: Object focus affixes; *Gusto*; *Ayaw*
    Assessment: Writing and role-playing dialogs; Conjugating verbs; Demo cooking; Information gap
    Reading: Short narratives Mga Pagkain sa Iba't-Ibang Probinsiya

8. Salu-salo (Parties)
    Writing: Writing invitation; *Paanyaya*; Descriptive narratives and scenarios
    Speaking/Listening: Role-playing dialog; Listening to and re-creating scenarios
    Culture: *Pakikisama*; Salu-Salo; What, where, why, and how
    Grammar: *Mag* verbs
    Assessment: "What's the missing line?"; Translation; Oral conversation; Grammar use
    Reading: Word association; Reading narratives; Q&A

9. Pagsamba (Religion)
    Writing: Research different religious groups; Creating a PowerPoint presentation
    Speaking/Listening: Dialog – different scenarios; Film clip *Himala*
    Culture: *Mga relihiyon sa Pilipinas*
    Grammar: *puwede, maaari, kailangan, dapat*
    Assessment: Role-playing; Oral discussions; Writing a letter; Giving advice; Grammar use
    Reading: Reading the song "Sana"; Q&A

10. Pista (Festival)
    Writing: Translation; Simple narratives; Poetry writing
    Speaking/Listening: Alphabetizing things seen, heard, etc., at a festival
    Culture: Pistahan; (what, where, why?)
    Grammar: Noun affixes; More sentences
    Assessment: Interviewing a Filipino; Grammar use
    Reading: Different celebrations and holidays

11. Aliwan (Pastimes)
    Writing: Images of daily life
    Speaking/Listening: *Pakikipanayan*; Short discussions; Dialog
    Culture: Filipino pastimes
    Grammar: *Saan/nasaan*; *Nasa/sa*
    Assessment: Formulating Q&A; Grammar use
    Reading: Reading Sabungan and other short narratives

12. Buhay sa Bukid (Life in the Country)
    Writing: Creating a mural; Grid activity; Translation; Writing rhymes; Poster making
    Speaking/Listening: Dialog; Oral reporting; Oral discussions
    Culture: *Buhay sa bukid*
    Grammar: *Magpa*; *Pa in/an/han*; *Kung, kapag*; Actor focus; Object focus
    Assessment: Writing sentences and short narratives; Creating minidialogs; Grammar use
    Reading: Reading short narratives and the song "Magtanim Hindi Biro"

13. Buhay sa Siyudad (Life in the City)
    Writing: Describing people and places; Analyzing who, what, where, when, why; Question cards
    Speaking/Listening: You interviews; Oral recitation (poem); Reporting
    Culture: Comparing life in the city and *barrio*
    Grammar: Adjectives; *Maging*; Focus and aspects/tense
    Assessment: Translation; Q&A; Conjugation of verbs; Brainstorming/webbing
    Reading: Poem; Q&A; Summarizing

14. Tradisyon (Traditions)
    Writing: Translating
    Speaking/Listening: Guided conversation; Minidialogs; Summarizing and orally explaining
    Culture: Filipino traditions
    Grammar: *Huwag; Hindi*
    Assessment: More on translation; Grammar use
    Reading: Reading different Filipino Superstitions

15. Pangingibang Bansa (Working Abroad)
    Writing: Translating; Letter writing; Writing responses
    Speaking/Listening: Oral discussion; *Caregiver* film clip; Role-playing; Short *balagtasan*
    Culture: Overseas Filipino workers
    Grammar: *Um* verbs; Review sentences
    Assessment: Writing dialogs; Conjugation (verbs); Comprehension Q&A
    Reading: Reading the poem "Balikbayan Box"

16. Kasaysayan (History)
    Writing: Translating; Rewriting; Researching
    Speaking/Listening: Role-playing; Oral discussion

Culture: Philippine history

Grammar: Time Indicators; *Sa*; Noon

Assessment: Identifying; Open discussion; Formulating interview questions; Grammar use

Reading: Reading the short narrative "Mga Repormista"

17. Pulitika (Politics)

Writing: Webbing; Brainstorming; Associating; Creating posters and fliers; Writing a short speech

Speaking/Listening: Political debate; Creating short dialogs; Role-playing a political rally

Culture: The Philippine government

Grammar: *Ayaw*; *Gusto*; *Pero*; *Kasi*

Assessment: Writing short narratives; Grammar use

Reading: Reading EDSA; Q&A

Preface

The noted American linguist Benjamin Lee Whorf once wrote, "Language shapes the way we think and determines what we can think about." As the primary medium of expression, language literally shapes our worlds. It guides, directs, delimits, and circumscribes our thoughts, actions, and of course speech. It represents the critical key to understanding all the various modes of expression, communication, and self-reflexive perceptions that make up a particular culture. Indeed, learners may gain a superficial familiarity with the clothing, habits, diet, and even religion of a foreign population, but without a fundamental understanding of the language their knowledge remains shallow and they continue to linger at the peripheries of the culture. Hence, this book is designed to help language learners speak and "think" the language in its unique cultural context. Language is, after all, meant to convey culturally specific messages to those who share a coded understanding of it. Language is culture, and culture is language.

Fortunately, Philippine culture is among the richest, warmest, and most welcoming in the world. As its main medium of expression, Tagalog provides an elegant and wide-ranging window onto this beautiful nation. Language learners can expect patience and constant encouragement from native speakers, who delight in the dissemination of their language. For those willing to invest the time and effort to learn it, Tagalog will provide an exciting experience unlike that provided by any other language.

GENERAL APPROACH OF THE TEXTBOOK

Filipino Tapestry: Tagalog Language through Culture is a functional and task-based language course for foreign language learning at the beginning to intermediate level. It is intended for learners with limited exposure to the Filipino language and culture. The text prepares students for the higher language skills required for effective interpersonal communication. *Filipino Tapestry* is organized functionally and is eclectic in integrating essential grammar topics and cultural themes.

The diagram below illustrates the interlocking dimensions of the effective, functional, and integrated principles that structure each lesson in this book. The three-dimensional clustering of content, function, and form represents the organizing foundation for development in each thematic lesson. These principles are the cornerstones of *Filipino Tapestry*'s approach to a functional and task-based language syllabus design. Each lesson exposes students to different uses of language in relevant cultural contexts – community, academia, employment, home, and many other social settings – to give relevance and utility to particular language skills. Socially specific content and various cultural topics prepare learners to function successfully in a variety of settings. Language forms and grammatical exercises are likewise designed to enable learners to utilize Tagalog effectively in these settings.

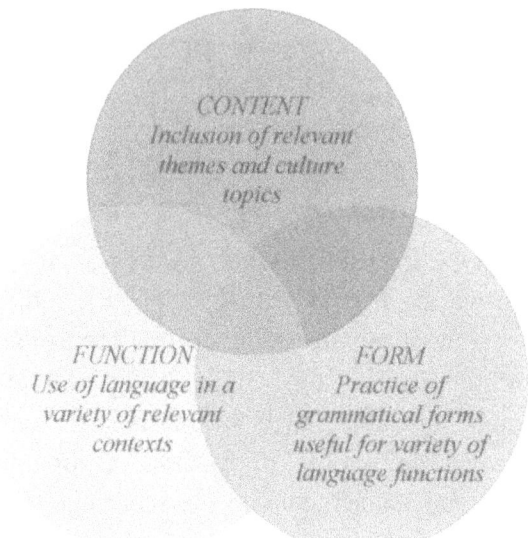

Filipino Tapestry features task-based activities that have been tested successfully in language-learning classrooms. The organization of activities and object lessons in each chapter are designed to allow a certain degree of latitude for teachers by providing a template for classroom-specific activities that can be designed to meet the needs of any language-learning curriculum in higher education. These functional and flexible activities present instructors with an infinite number of possible variations to redesign and meet the multilevel nature of most foreign language classrooms.

Finally, this text is specifically designed and oriented to simulate an actual "in-country" learning experience as closely as possible. It employs two broad methods to accomplish this goal. First, every language-learning opportunity in *Filipino Tapestry* is placed within some kind of relevant cultural context. Language has meaning and symbolic value; hence, Filipino should be learned in association with the items and concepts it represents. This is much more effective than rote memorization or straight translation-based learning. Second, *Filipino Tapestry* aims at total language immersion. When one visits a foreign country one is not given the language piecemeal but rather is immersed in a linguistic and cultural ocean. This book attempts to simulate this immersion in a somewhat more controlled and directed atmosphere. Hence, most of the chapters have a seemingly inordinate amount of Filipino language strategically placed throughout. Students are not expected to comprehend everything in the chapter but rather to develop recognition of their lesson objectives within the larger context of the language as a whole. The first chapter, "Pagbati (Greetings)," for example, contains language items and concepts not covered until later in the text; however, it is more effective to place *pagbati* within the larger context of the language than have students learn them as isolated and therefore unrelated linguistic snippets. By employing these methods, *Filipino Tapestry* is able to simulate a textual- and classroom-based "in-country" experience for rapid and effective language learning. If students approach their lessons with this understanding, they can avoid becoming overwhelmed or frustrated with the amount and depth of language in each chapter. Rather, they will find a systematic learning process that provides a relevant avenue to language fluency through contextual recognition and usage. Students should *always* use as much Tagalog as they have learned to that point in the various dialogues and exercises found throughout the book. In other words, they should never use an English word, phrase, or idea that can otherwise be expressed in Tagalog. The exercises, dialogs, and flow of *Filipino Tapestry* are designed to solicit and coach a progressive acquisition of language skills but always within the larger context of language immersion.

OVERVIEW

Each chapter in *Filipino Tapestry* makes use of the following sections to meet its language-learning objectives.

Opening Photos
Each chapter features one or more photographs of situations depicting key actions or activities related to the chapter's theme. Preactivity tasks include predicting who the people are and what they are saying to each other or simply describing the event depicted in the photograph. This gives students an opportunity to share what they already know as they relate the chapter theme to their own lives and experiences.

Cultural Note
This section features a cultural narrative related to the chapter theme. Drawing on the Philippines' rich history and culture, as well as the drastic societal changes currently taking place, this section offers a compelling and grounded rationale for language learning. When placed firmly within its cultural context, language ceases being a difficult, abstract set of codes and at once becomes the key to an exciting foreign world. Cultural reference gives Tagalog meaning and prompts natural memorization as students link various cultural concepts. This section is at the heart of *Filipino Tapestry*.

Guided Conversation
This section includes dialogs and exercises that are critical learning tools in the tapestry. Each lesson begins with a model guided conversation illustrating the use of one or more functions and the structures they require, all in the context of meaningful conversations related to the topic and cultural theme. A short glossary list of words and additional expressions reinforces the related thematic focus and grammatical structures. Immediately following the guided conversation there are several activities providing opportunities for learners to create new conversations by forming new dialog lines into the framework of the model and by using expressions and vocabulary lists listed in the glossary in informal conversations. In these open-ended exercises, students contribute appropriate content based on their own experiences, imaginations, and interests.

Grammar
This section includes both a reference and a set of practice exercises. The reference exercises feature grammatical explanations in simple linguistic terminologies. Each chapter highlights

key grammar structures related to the chapter theme and featured in the guided conversation. The practice exercises encourage learners to use grammar structures in different contexts. These exercises can be done in class or as homework. The grammar structures are not organized according to difficulty but instead will encourage teachers and learners at different levels to use and select each sublesson to appropriately meet their own pedagogical and instructional needs. Added to this section is a further list of teaching techniques appropriate for multilevel classrooms.

Assessment

This section features a variety of follow-up exercises and task-based activities for individuals as well as groups.

Speaking and writing exercises provide review and reinforcement of functional expressions and words presented in the thematic lesson.

Grammar exercises offer practice with key grammatical structures featured in the lesson. Speaking and writing activities engage learners in a variety of opportunities for application of these structures.

Reading and listening exercises provide relevant and insightful contexts for class discussion and reading comprehension. A musical note (♪) in the left margin indicates that this listening exercise is available on the CD created to accompany this textbook. Additional materials, audio and video links, and instructional resources can be accessed from SEASITE (http://www.seasite.niu.edu/Tagalog/filipino_tapestry.htm), an online interactive learning resource for Southeast Asian languages, literatures, and cultures.

Intercultural connections activities offer rich opportunities for learners to use the thematic lesson for cultural comparisons through writing and speaking exercises.

Additional Activities

Collectively, the lessons in this section contain four distinct types of exercises meant to strengthen the core areas of language learning. First, each lesson begins with a crossword puzzle designed to prompt a detailed review and translation of critical vocabulary words. Arranging these words within a puzzle adds a dimension of critical thinking that enables more effective memorization and a more detailed examination of spelling, length, and sound. Second, most lessons contain a visual exercise meant to help students make a visual and conceptual connection to the words and objects, actions, and/or descriptions they represent. This frequently consists of photographs, illustrations, and/or directions students can use to create images of their own that illustrate the words and concepts they are studying. Third, all the lessons include a form of dialog designed to simulate conversations regarding the lesson's subject matter. These can take the form of question and answer, fill in the blank, or initiations. Fourth and finally, most lessons contain constructive exercises that require students to place words and concepts in various orders. By locating vocabulary words conceptually within space and time, learners are forced to "put them together" or "make them work" to construct messages and representations. This is an essential step in language fluency.

Learner's Tips

These sections are sprinkled throughout each chapter. They contain teaching techniques that have been used effectively in the authors' classroom and are designed to guide learners and teachers in accomplishing the goals for each lesson. They offer language-learning tips from both an instructor's and a learner's perspective. These short notes direct readers to specific techniques borne out of experience that are not necessarily critical to the standard curriculum. Rather, they are intended as informal suggestions or "tricks of the trade."

TECHNIQUES FOR EFFECTIVE LANGUAGE LEARNING

Learning a foreign language, though extremely rewarding in the long run, can often be a slow and frustrating process at first. This frustration often prompts students to merely "get through" a course or even abandon their efforts altogether after a few weeks of disappointing study. Such developments are always unfortunate. Hence, listed below are a few tips and suggestions for successful language learning specific to Tagalog that may help facilitate successful learning while adding perspective to the overall process.

Anticipate a gradual learning process and expect to work for results. Learning a language takes time and effort. It is much like learning to play an instrument. Many students are disappointed if they are not able to communicate in a foreign language within a few weeks of study. Communication is achieved in a series of progressive scales. One should not expect to be a native speaker after a short period of part-time study. This is not to say, however, that progress will be undetectable or that language ability cannot be enhanced through intense study and innovative learning techniques. Students should simply be aware of the learning curve associated with language study and adjust their expectations accordingly.

Learn the language rather than an English translation of the language. Language provides a mechanism for expressing culturally specific ideas. Although we must interpret various languages by means of translation, it cannot be assumed that these languages will provide a seamless translation of meanings. If students assume that dialogs can be pieced together by simply using dictionary translations of English words, they will be inevitably disappointed. Rather, students should attempt to think in terms of the language itself. This means that one should strive to communicate ideas and concepts already embodied in the language rather than attempting to make Tagalog words conform to notions expressed in forced English translations.

Language is the key to culture and vice versa. As mentioned above, language is a mechanism for expressing culturally specific ideas. This means that Tagalog is a system designed to convey culturally encoded concepts specific to the Filipino experience. Hence, language learning is a process of discovery. It presents learners with an incomparable window into understanding the cultural prisms through which Tagalog speakers perceive and interpret the world. It is how culture is decoded and contextualized to achieve common understanding. Consequently, students should approach Tagalog learning as an opportunity to engage in this culturally specific discourse and attempt to learn and understand the language within this unique context.

Focus on learning phrases rather than lists of random vocabulary items. The object of learning a language is to communicate. This becomes a difficult task if a student only knows lists of random words without regard to sequence or context. Students will find their language learning greatly accelerated if they learn the ideas and meanings conveyed through common phrases, which can be later supplemented with an enhanced vocabulary.

Concentrate on learning pronouns and their corresponding verb conjugations. This suggestion is more specific to Tagalog. Tagalog is a focus-oriented language that depends on a careful relationship between focus-specific pronouns and focus-specific verb conjugations that indicate and structure interaction. Once this relationship is learned, speaking becomes a much easier process.

Speak, speak, speak! The most important part of learning a language is to speak it. In the beginning there will be many mistakes and most of what students say will not come out clearly, but these kinks are worked out only through speaking. Tagalog learners are extremely fortunate to be able to practice in such a hospitable, kind, and forgiving culture. Filipinos are generally thrilled to hear foreigners speak their language and will praise even the slightest efforts. The key is to overcome shyness and speak.

NOTE TO TEACHERS

One of the primary pedagogical tensions of this book is determining students' immersion thresholds. As was mentioned above, *Filipino Tapestry* is designed to simulate a total language immersion experience. Providing this immersion while not overwhelming and thus discouraging students requires a delicate balance. It has long been known that the best and certainly quickest way to learn a foreign language is to live in a country or environment where the language is spoken naturally and constantly. We have tried to reproduce that scenario in *Filipino Tapestry* through various cultural expressions and contexts infused with the language. Take, for example, our suggested use of songs and video clips available online; some might argue that listening to a popular song will be unproductive since students will likely not understand most of the words at a beginning level. While it is certainly true that students will not understand all or even most of the words at first, we believe that such an exercise is productive. These types of scenarios reproduce an authentic "in-country" experience. Our hope is that after learning a particular lesson in grammar and vocabulary, students will be able to pick out words, phrases, or patterns that they recognize in a natural, free-flowing use of the language. Those who have mastered a foreign language know the euphoria of recognizing and understanding select words, phrases, or colloquialisms when overhearing foreign speakers.

Again, we want to simulate that in-country experience as much as possible. The challenge, however, is isolating, targeting, and focusing on the lesson objectives of each chapter amid the larger context of language immersion. This requires a disciplined and consistent approach to the particular themes, vocabulary, and grammar skills of each lesson. The teacher's primary goals in each class should be, first, to introduce words, concepts, and language skills and develop an understanding of their usage; and, second, to help students recognize and utilize these skills in a broader language context while constantly reiterating the specific language objectives of each chapter. In this way, students will gradually train their minds and ears to hone in on particular words and concepts that they know and understand rather than trying to comprehend the aggregate of language they encounter.

In this regard we have designed the book with seventeen chapters covering a variety of language topics from multiple angles. Since beginning Tagalog courses are typically two semesters long, each chapter is meant to be explored slowly and thoroughly. We estimate that one and a half to two weeks per chapter will be required to accomplish everything the lessons are designed to address. This will allow teachers the latitude to expound on the topics through the video, audio, photographs, cultural contexts, group exercises, intercultural connections, and other avenues provided and suggested in the text. We hope that through these multiple exposures students will begin to recognize the lessons' subject matter in a variety of in-country scenarios through language immersion.

Filipino Tapestry

Introduction

ALPHABET AND PHONOLOGY

The original Tagalog alphabet was composed of twenty-two letters. Most of these are the same letters used in modern Filipino.

a, b, k, d, e, g, h, i, l, m, n, ng, o, p, r, s, t, u, w, y

The vowels are the same as English, but they are pronounced differently.

a, e, i, o, u

The vowels are pronounced in a perfect phonological manner without variations.

> **Learner's Tip**
> Practice saying the vowel sounds. This will help you pronounce Filipino words correctly.

Filipino Vowels

Height of the Tongue	Front	Central	Back
High	i		u
Mid	e		o
Low		a	

Filipino Vowels and Their Corresponding Sounds in English

Vowel	Corresponding Sound	Examples
a	f*a*r and f*a*ther	aklat (book), apat (four), tatay (father)
e	*e*nd and *e*lephant	ewan (don't know), kape (coffee)
i	b*ee*t and m*ea*t	ikaw (you), kanina (some time ago)
o	*o*bey and *o*cean	oo (yes), bunso (youngest child)
u	sch*oo*l and b*oo*ts	tubig (water), sampu (ten), pula (red)

> **Learner's Tip**
> Practice! Practice! Record yourself and listen to the way you pronounced the sounds. Exercise opening and closing your mouth every day. This will make your mouth flexible in pronouncing new sounds.

The Filipino consonants are

b, k, d, g, h, l, m, n, ng, p, r, s, t, w, y

Filipino Consonants

	Labial	Labiodental	Dental	Alveolar	Palatal	Velar	Glottal
Voiceless stops	p		t			k	
Voiced stops	b		d			g	
Nasals	m		n			ng	
Voiceless fricative				s			h
Voiced lateral				l			
Voiced tap or trill				r			
Voiced glide					y	w	

Filipino consonant sounds are somewhat similar to the English sounds. The following are some of the differences that may pose a challenge to foreign language learners.

1. Initially, *ng* offers great difficulty to foreign language learners. It is a nasal sound originating in the throat. The closest English sound is the *ng* at the end of "song" or "prong" without the defining *ga* associated with the English *g*. Here are some Filipino examples.

   ngipin – teeth
   ngayon – now

2. The dental sounds, *t, d, n,* and *s* are all produced by placing the tip of the tongue behind the back of the upper teeth. This is slightly different in English where the sounds are produced by placing the tongue tip behind the upper gum ridge.

3. The labial sounds *p* and *b* and dental sounds *d* and *t* are not aspirated in Filipino. These unaspirated initial sounds are similar to English *p, b, d,* and *t* in noninitial positions.

In 2001, the Commission of the Philippine Language added the following letters to the Philippine alphabet.

   c, f, j, ñ, q, v, x, z

These additional letters are used to spell borrowed foreign words. When foreign words are used in Filipino, these letters are written according to their corresponding alphabet sounds in Filipino.

Common Foreign Sounds and Letters

ch (in English) becomes *ts*	China	Tsina
hard C (in English) becomes *k*	computer	kompyuter
soft C (in English) becomes *s*	cement	semento
ll (in Spanish) becomes *ly*	calle	kalye
j (in English) becomes *dy*	juice	dyus
x (in English) becomes *ks*	taxi	taksi
z (in English or Spanish) becomes *s*	lapiz	lapis

Some Important Facts about Filipino Stress and Accents

1. A Filipino word is spelled just as it is pronounced.

   ma-gan-da = maganda – beautiful
   ta-ma = tama – correct

2. In some cases, a difference in stress can cause a difference in the meaning of a word. Here is an example.

   ga'bi – yam
   gabi' – evening

3. Stress in Filipino is usually indicated by lengthening the vowel in a syllable.

   ba' hay – house
   magli'linis – will clean

4. Monosyllabic words often take the stress of the preceding word.

   hindî – no
   hindi pô – no, ma'am/sir
   ganito' – this
   ganito ba'? – (is it) like this?

5. Final glottal stops in words are lost when adding a suffix.

   punô – full
   punuin – to fill (an object with something)

6. The stress in words with more than two syllables is usually on the last two syllables.

   luma'kad – to walk
   lutu'in – to cook

> **Learner's Tip**
> For additional information about stress, intonation, and accent, use the following references: T. Ramos, *Tagalog Structures* (Honolulu: University of Hawai'i Press, 1971); P. Schacter and F. Otanes, *Tagalog Reference Grammar* (Los Angeles: University of California Press, 1972).

FORMING SOME SIMPLE FILIPINO SENTENCES

The order of words in a sentence is not as critically important in Filipino as it is in other languages. The sentence may have the topic/subject before the predicate or the predicate before the subject, although the predicate-subject order is used more often in forming sentences than the other way around, especially in oral communication.

Subject-Predicate Sentence Pattern

Ay is used to separate the subject from the predicate.

> Pattern: Topic/subject (noun/pronoun) + ay + verb / adjective / sa phrase, etc.

For example

> Ang estudyante *ay* matalino. (The student is intelligent.)
> Si Mike *ay* nag-aaral sa Pilipinas. (Mike is studying in the Philippines.)
> Sina Mila at Ben *ay* nakatira sa Illinois. (Mila and Ben live in Illinois.)
> Sila *ay* pumunta sa Chicago. (They went to Chicago.)

Learner's Tip
Ay may seem to be the equivalent of *is* or *are*, but this similarity is unclear. *Ay* is a connector that separates the subject and predicate. *Ay* is not used if the predicate precedes the subject.

Predicate-Subject Sentence Pattern

This is the most common sentence pattern used in both written and oral communication. The predicate (first word) can be one of the following.

1. Noun

The noun is followed by a *si/ang* phrase or *ang* pronoun. This pattern is used to talk about another noun.

> Pattern: Noun + ang/si phrases / ang pronoun
> *Hindi* (not) noun + *ang/si* phrases / *ang* pronoun

For example

> *Doktor* ang asawa ni Eve. (Eve's husband is a doctor.)
> *Hindi estudyante* ang pamangkin ko. (My niece/nephew is not a student.)

2. Adjective

The adjective is followed by *si/sina* or *an/ang mga* phrases, *ang* pronouns, or *sa* phrases. This pattern is used to describe nouns (persons, places, or things).

> Pattern: Adjective + *ang/si* phrases / *ang* pronoun / *sa* phrase
> *Hindi* (not) + adjective + *ang/si* phrases / *ang* pronoun / *sa* phrase

For example

> *Mabait* sina Danny at Billy. (Danny and Billy are good/nice.)
> *Mahangin* sa bayan ng Chicago. (The city of Chicago is windy.)
> *Hindi pula* ang bulaklak sa mesa. (The flower on table is not red.)

3. May

May is the equivalent of there "is/are" (to indicate presence) and "has/have" (to indicate possession) in English. *Wala* is its antonym.

> Pattern: *May* + noun + *sa/si/ang* phrase / *ang* pronoun
> *Wala* (none) + linker *ng* + noun + *sa/si/ang* phrases / *ang* pronoun

For example

> *May* mga tao sa labas. (There are people outside.)
> *May* telebisyon sa klasrum. (The classroom has a television.)
> *May* pera si Bill Gates. (Bill Gates has money.)
> *May* kotse ako. (I have a car.)

4. Nasa/sa phrases

Sa marks the place where an act was, is, or will be executed. *Sa* also marks future time. *Nasa* marks the place where a thing was, is, or will be.

> Patterns: *Nasa* + place + *ang/si* phrase
> *Sa* + place + verb (past, present, future) + *ang/si* phrase
> *Sa* + time/day/month + *ang/si* phrase

For example

> *Nasa* bahay si Nanay ngayon. (Mom is in the house now.)
> *Nasa* Chicago ang manunulat. (The writer is in Chicago.)
> *Sa* parke kakain ang pamilya *sa* Sabado. (The family will eat in the park on Saturday.)

5. Verb

> Pattern: Verb + *si/ang* phrase / *ang* pronoun + *ng/sa* phrase / time indicator

For example

> *Pumunta* ako sa Chicago kahapon. (I went to Chicago yesterday.)
> *Kumakain* si Ben ng kanin araw-araw. (Ben eats rice every day.)

♪ Common Filipino Expressions

Ewan ko – I do not know
ayaw ko – I do not like
hindi naman – not so
bahala na – come what may
kung minsan – once in a while
Hindi na bale! – Never mind!

Teka lang! – Wait a moment!
huwag na – no more
mamaya na – later
maraming salamat – thank you
sandali lang – just a moment
Sige na! – Get going!

Makinig kayo! – Listen!
Tumahimik kayo! – Be quiet!
Sayang! – What a loss/pity!
Tama na! – It is enough!
Tayo na! – Let us go!

Totoo ba? – Is it true?
siguro – maybe
Ano ba? – What is that?
Tama! – Right!/That's correct!

1 Pagbati
Greetings

OBJECTIVES

- Use correct markers, including the respect particles *po* and *ho*, in sentences.
- Use appropriate greetings in different scenarios.
- Identify and describe the differences and similarities between Filipino greetings and those of other cultures.

OPENING PHOTO

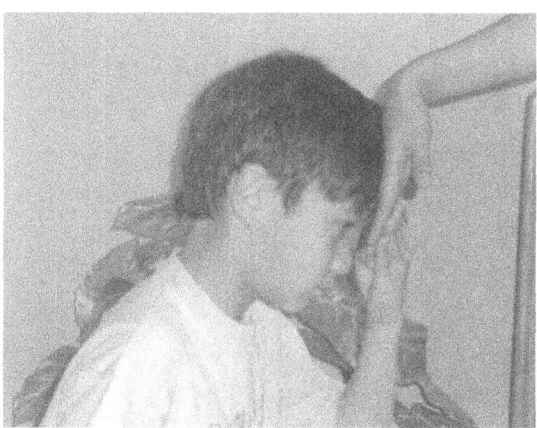

Pagmamano

On your own: Study the photograph. Make a list of persons in your life with whom you should use *po*. Why?

Small group/in-class: Use the diagram below to make a list of greetings used in each nation. Share with others the differences and similarities between traditional greetings in the United States and the Philippines.

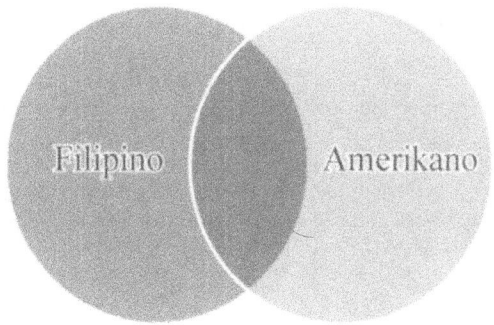

Small group/in-class: Use the following questions to guide a conversation using the few words you have learned thus far. Use the glossary to find appropriate phrases.

1. Ilarawan kung paano ang pagbati sa Ingles. (Describe how English speakers greet each other.)
2. Ano ang tradisyunal na pagbati ng mga Pilipino? (What are some traditional greetings for Filipinos?)
3. May pinagkaiba ba? (What are the differences?)

♪ Glossary

Filipino	English
Kumusta?	How are you?
Magandang umaga po. (formal/polite)	Good morning.
Magandang umaga. (informal)	
Magandang tanghali po. (formal/polite)	Good noon.
Magandang tanghali. (informal)	
Magandang hapon po. (formal/polite)	Good afternoon.
Magandang hapon. (informal)	
Magandang gabi po. (formal/polite)	Good evening.
Magandang gabi. (informal)	
Kumusta po kayo? (formal/polite)	How are you?
Kumusta ka? (informal)	
Mabuti po naman. (formal/polite)	I'm fine.
Mabuti naman. (informal)	
Tuloy po kayo. (formal/polite)	Please, come in.
Tuloy. (informal)	
Salamat po. (formal/polite)	Thank you.
Salamat. (informal)	
Maraming salamat po. (formal/polite)	Thank you very much.
Maraming salamat. (informal)	
Wala pong anuman. (formal/polite)	You are welcome.
Walang anuman. (informal)	
Opo/oho. (formal/polite)	Yes.
Oo (informal)	
Hindi po/ho (formal/polite)	No.
Hindi. (informal)	
Hindi ko po/ho alam. (formal/polite)	I do not know.
Hindi ko alam. (informal)	
Anong oras na po? (formal/polite)	What time is it?
Anong oras na? (informal)	
Saan po kayo papunta? (formal/polite)	Where are you going?
Saan ka papunta? (informal)	
Saan po kayo galing? (formal/polite)	Where did you come from?
Saan ka galing? (informal)	

Ano po ang pangalan nila? (formal/polite)	What is your name?
Anong pangalan mo? (informal)	
Ako po si _____ (formal/polite)	I am _____ (name).
Ako si _____ (informal)	
Ilang taon na po kayo? (formal/polite)	How old are you?
Ilang taon ka na? (informal)	
Ako po ay _____ gulang na. (formal/polite)	I am _____ years old.
Ako ay _____ gulang na. (informal)	
Saan po kayo nakatira? (formal/polite)	Where do you live?
Saan ka nakatira? (informal)	
Taga saan po sila? (formal/polite)	Where are you from?
Taga saan ka? (informal)	
Kumain na po ba sila? (formal/polite)	Sir, Ma'am, have you eaten?
Kumain ka na ba? (informal)	
Paumanhin po	When asking to be excused
Mawalang galang po	When asking to be heard in meetings and on other formal occasions

CULTURAL NOTE

As a general rule, Filipinos are a friendly and extremely hospitable people, especially toward foreigners and strangers. Much of this warmth is due to a cultural quality known as *pakikisama*, the skill of creating smooth interpersonal relationships. Filipinos generally want the people around them, and especially newcomers, to feel comfortable and part of the group. To facilitate these relationships, Filipinos will often ask a number of personal questions regarding biographical information such as background and childhood, occupation, schooling, family and/or love life, and plans for the future. While these questions are sometimes considered a bit penetrating or "nosy" to foreigners, in Filipino culture it is a natural way to come to know a new acquaintance and build a friendly rapport.

Greetings are an excellent example of this cultural phenomenon. Filipinos traditionally greet each other with a question. The most common are *Kumusta ka?* (How are you?), *Saan ka puputa?* (Where are you going?), and *Sann ka galing?* (Where are you coming from?). Although these questions are often preceded by pleasant wishes such as *Magandang umaga* (Good morning), *Magandang tanghali* (Good noon), *Magandang hapon* (Good afternoon), or *Magandang gabi* (Good evening), the general purpose of a greeting is to engage the other person in conversation. This is in sharp contrast to the simple and relatively definitive "Hi" or "Hello" in English, which does not attempt to tease out further dialog.

Initiating relationships can also be seen in the tendency to greet others in the form of various invitations. When a chance meeting occurs among Filipinos in a public place, one person will often divulge his or her planned destination or activity, adding an enthusiastic *Tara na!* (Let's go!) at the end of the statement, indicating a desire for further conversation or companionship. Similarly, when eating, Filipinos will continually greet friends or familiar passersby with a friendly *Kain na tayo!* (Let's eat!) while subtly offering the food before them.

Thus, when meeting or conversing with Filipinos it is important to speak openly and participate in a friendly exchange of personal information. Greetings offer the perfect opportunity to initiate this exchange and begin a friendship.

Learner's Tip
Practice speaking! The more you practice, the better you will learn to speak!

GUIDED CONVERSATION

On your own: Read, listen to, and study the dialogs below. Substitute the greetings and times with new ones. Imagine different settings where the use of respect particle *po* is appropriate.

♪ **Sa bahay nina Lola at Lolo**
Mga Apo: Magandang hapon, po. Kumusta po kayo? (Good afternoon. How are you?)
Lola: Mabuti naman. Mabuti at bumisita kayong lahat. (I am good/well. It's good that you all came to visit.)
Lolo: Kumusta ang biyahe? Anong oras kayo umalis ng bahay? (How was the trip? What time did you leave your house?)
Mga Apo: Mabuti naman po ang biyahe. Wala po namang problema. Umalis po kami nang alas siyete kaninang umaga. (Our travel went well. There was no problem. We left this morning at seven o'clock.)
Lola: Pumasok na kayo para magpahinga. Kumain na ba kayo? (Come in and rest. Have you eaten?)
Mga apo: Hindi pa po. (We have not eaten.)
Lolo: Lola, pakainin mo muna sila bago sila pumunta sa bahay ni Tito. (Lola, feed them before they go to Tito's house.)

♪ **Ang bagong kaibigan**
Mila: Tess, ito si Marlon. Kaklase ko. (Tess, this is Marlon. My classmate.)
Tess: Kumusta? Ako si Tess, pinsan ni Mila. Nag-aaral ka rin ba dito? (How are you? I am Tess, Mila's cousin. Are you also studying here?)
Marlon: Oo, communications major din ako. (Yes, my major is also communications.)
Mila: Magkaklase kami sa klaseng "film and advertising." (We are classmates in our film and advertising class.)
Tess: Taga saan ka? (Where are you from?)
Marlon: Taga Chicago ang pamilya ko. Ikaw, taga saan ka? (My family is from Chicago. How about you, where are you from?)
Tess: Taga Madison ako. Graduate student ako dito sa unibersidad. (I'm from Madison. I am a graduate student at the university.)
Mila: Mauna na ako sa inyo. (I have to go.)
Marlon: Salamat, Mila. Magkita na lang tayo mamaya sa klase. (Thank you, Mila. I'll see you later in class.)

Small group/in-class: Work with a partner or in a small group and read the dialog lines. In a small group, write a short dialog for the following scenarios.

1. Sa opisina (in the office)
2. Salusalo sa apartment ng kaibigan (at a party at a friend's apartment)
3. Sa klase (in class)

Glossary

nagmamano – (verb, incompleted) the act of placing an older person's right hand on one's forehead
magpahinga – to rest
pakainin – to invite someone to eat
pumunta sa bahay – to visit the house
magandang bati – happy greeting
nakarating (verb, completed) – arrived
maaga – early
alas siyete – seven o'clock

alas kuwatro – four o'clock
problema – problem
pumasok kayo – you all come in
pakainin sila – let them eat
magpahinga – to get a rest
magkaklase – classmates
mauna na ako – I will go ahead
magkita na lang tayo bukas – we'll meet again tomorrow

GRAMMAR: SIMPLE OCCURRENCES OF MARKERS

On your own: Study the markers and the nouns they mark.

Meaning

All nouns in a sentence are marked by one of the following.

Si (singular) or *sina* (plural) marks names of persons.

> Guro si Ginang Angie Dano.
> Estudyante sina Mila at Ben.

Ang (singular) or *ang mga* (plural) marks common nouns.

> Kumusta ang mga estudyante?
> Nasa bahay ang mga estudyante.

Ng/ni (singular) or *ng mga/nina* (plural) marks common nouns and names that act as receivers of the an action or show possession.

> Mabait ang mga anak nina Ben at Mila.
> Ben ang pangalan ng kaibigan niya.

Sa marks places, future time, or where an act is, was, or will be.

> Pumunta ang pamilya sa Chicago.
> Nasa Chicago ang pamilya sa Sabado.

Nasa marks the place where a thing or person is, was, and will be.

> Nasa bahay ang salu-salu.
> Nasa mesa ang libro.

Small group/in-class: Mark the nouns in the following sentences.

1. Mabait ____ Ginang (Mrs.) Jose.
2. May ipod _____ Mila at Ben.
3. Maganda _____ bata (plural).
4. ____ Ben _____ kaibigan ko.
5. _____ bahay ang kompyuter ko.

> **Learner's Tip**
> When writing sentences, do not forget to mark all your nouns. It will take a good deal of practice to fully assimilate this concept.
> Mark my word!

Writing

On your own: Write a short e-mail to a classmate. Make a list of Filipino questions you may want to ask. Use the greetings and questions from the glossary, including the use of markers.

Small group/in-class: Expand your group's written dialog in the guided conversation. Add more dialog lines and role-play a scenario in class.

Reading

On your own: Read and listen to the short dialog below.

♪ Sa harap ng bahay ni Mang Ben

Mang Ben: Edgar, magandang umaga! Maaga yata tayo ngayon, ha! (Edgar, good morning! We are early today, ha!)

Mang Edgar: Alas siete y medya kasi ang pasok sa opisina. Mas gusto ko ang maaga para walang trapik. (My work begins at seven o'clock in the morning, you know. I like to arrive early because there is no traffic.)

Mang Ben: Anong oras naman ang uwi mo? (What time are you going home?)

Mang Edgar: Alas kuwatro ng hapon. (Four o'clock in the afternoon.)

Mang Ben: Tama ka, pare, kung mas maaga, mas walang trapik sa daan. (You are right, friend. There is less traffic early in the morning.)

Answer the following comprehension questions.

1. Paano binati ni Mang Ben si Edgar?
2. Nasaan si Edgar?

3. Nasaan si Mang Ben?
4. Anong oras ang pasok sa opisina ni Edgar?
5. Anong oras ang uwi niya?
6. May trapik sa umaga? Sa hapon?

Small group/in-class: Read the short dialog again and write one of your own using greetings. Have other members of the group formulate comprehension questions based on the new version of the dialog.

ASSESSMENT

Grammar

On your own: Mark the nouns in the following sentences.

1. _____ Chicago _____ Ginoong (Mr.) Santos at Ginang Santos.
2. Pumunta _____ tao (plural) _____ bayan ng Manila.
3. Matalino ang mga estudyante _____ Ben.
4. _____ eskuwelahan _____ Tess at Melissa.
5. Pupunta ako _____ New York _____ Hulyo (July).
6. _____ bayan ___ Washington, D.C., ang pangulo ___ bansa.
7. Maraming tao _____ parke.
8. Kumain _____ lola Lina _____ adobo at kanin.
9. Masaya _____ tao (plural) _____ gym.
10. Nag-aaral _____ estudyante (plural) _____ aklatan.

Small group/in-class: Answer the following questions using this week's vocabulary.

1. Kumusta si Ben?
2. Nasaan ang kaibigan mo?
3. Kumusta na po kayo?
4. Kumusta ka na?
5. Nasaan ang bagong kaklase natin?
6. Saan ka galing?
7. Saan ka pupunta?
8. Ano ang pangalan mo?

Speaking

On your own: How would you greet the following persons? Batiin sila.

1. Boss
2. Lolo at lola
3. Nanay at tatay
4. Kaibigan
5. Guro
6. Pangulo ng eskuwelahan
7. Kaklase
8. Kapitbahay
9. Kuya at ate
10. Bunso

Small group/in-class: Work in pairs or in a small group. Practice Filipino greetings using the following scenarios.

1. You are looking for your friend Bob. You meet Sue at an evening party. Perhaps she knows where Bob is.
2. It is nine in the morning. You are looking for Dr. Cruz. You meet Mrs. Cruz, the doctor's wife.
3. Strolling in the park you meet a friend. After the usual greeting, you ask where an object or place is.

Listening and Reading

On your own: Read and listen to the songs below.

Maligayang Bati
Maligayang bati
Sa iyong pagsilang
Maligayang, Maligayang
Maligayang bati.

Kumusta Ka?
Kumusta ka
Halina at Magsaya
Pumalakpak, Pumalakpak
Ituro ang paa.

Padyak sa kanan
Padyak sa kaliwa
Umikot ka, Umikot ka
Humanap ng iba.

Small group/in-class: Learn the songs above and devise your own actions to accompany it.

Intercultural Connection

On your own: Are the following events common in the English-speaking world? Are they common in the Philippines? Describe the following.

1. Reunion ng Pamilya (family reunion)
2. Kasalan (wedding)
3. Libingan ni Lolo (Grandfather's funeral)
4. Kaarawan ni Lola (Grandma's birthday)
5. Kainan sa araw bago kasal (rehearsal dinner)

Small group/in-class: Describe in short sentences the kinds of conversations that might occur between the following persons. Use Filipino greetings and respect markers.

1. Empleyado, empleyado
2. Kuya, bunso
3. Tatay, anak
4. Nanay, anak
5. Lolo, lola
6. Boss, empleyado
7. Guro, estudyante
8. Kaibigan, kaibigan
9. Kapatid, kapatid
10. Lolo, apo

CULTURAL REFLECTION

Marking sentences with *po* or *ho* with plural *kayo* in Filipino is a way to show respect. How do we indicate respect in English?

ADDITIONAL ACTIVITIES

Crossword Puzzle

Solve the puzzle. Use the clues provided.

Across

3 tomorrow
5 afternoon
6 good
8 name
13 noon
16 to rest

Down

1 tired
2 how are you?
4 later
7 act of placing an older person's hand on one's forehead
9 evening
10 thank-you
11 earlier
12 morning
14 time
15 year or age

Identifying Time

Anong Oras na? Ano ang ginawa, ginagawa o gagawin mo sa mga oras na ito?

18 Filipino Tapestry

 hapon	
 umaga	
 hapon/gabi	
 gabi	
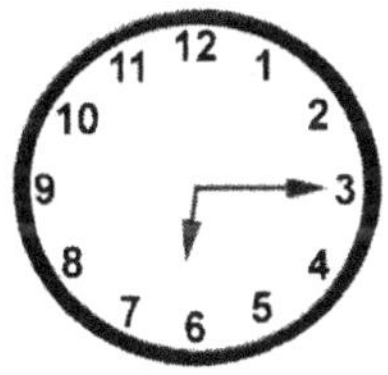 umaga	
 tanghali	
 umaga	

gabi	
madaling-araw	
hapon	

Short Dialogs

Fill in the missing dialog lines.

A.

    Ginoong Jones: Magandang Umaga po.

    Ginoong Smith: _____

    Ginoong Jones: Kumusta po kayo.

    Ginoong Smith: _____

    Ginoong Jones: Mabuti rin po. Salamat.

B.

    Bob: _____

    Ginny: Magandang umaga, Bob.

    Bob: _____

    Ginny: Mabuti. At Ikaw?

    Bob: _____

C.

    Mila: Ako si Mila. Ano ang pangalan mo?

    Julie: _____

Mila: Taga Chicago ako. Ikaw, taga saan ka?

Julie: _____

Mila: Oo, estudyante ako sa Northern Illinois University. Ikaw?

Julie: _____

Mila: O, sige, sana magkita tayo muli.

Julie: _____

D.

John: _____

Mike: Pupunta ako sa tindahan.

John: _____

Mike: Bibili ako ng karne at gulay. May parti sa bahay mamaya.

John: _____

Mike: Oo, siyempre. Alas sais ng gabi. Magkita na lang tayo mamaya.

John: _____

2 Pagsakay ng Dyip
Riding a Jeepney

OBJECTIVES

- Make requests and issue commands using the affix *paki* and other verbal affixes in their infinitive or neutral forms.
- Use common expressions associated with public transportation in the Philippines.
- Understand the intricate network of public transportation that is critical to Filipino society.

OPENING PHOTOS

Jeepneys

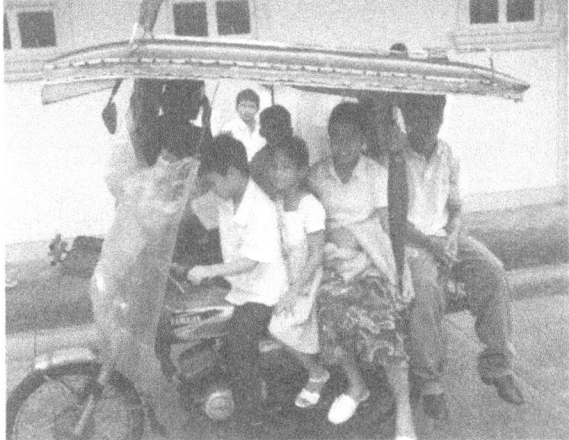

Filipinos aboard a tricycle waiting to leave

On your own: Study the photographs above. Describe different modes of transportation in the Philippines by adding adjectives in the table below.

Dyip	Tricycle	Bus	Kotse

Small group/in-class: In a small group, discuss the advantages and disadvantages of using public transportation and owning a private vehicle. Use the following questions as guides in the conversation.

1. Ilarawan ang kabutihan ng sasakyang pampubliko. (Describe the advantages of public transportation.)
2. May kotse ka ba? Ano ang kulay? (Do you have a car? What color is it?)
3. Sumakay ka na ba sa pampublikong sasaksayan? Bakit? (Do you use public transportation? Why?)
4. Ano ang kaibahan ng pampublikong sasakyan sa sasakyang pribado? (What are the differences between public and private vehicles?)
5. Alin ang mas mainam—pampubliko o pampribado? (Which is better—public or private?)

	Kabutihan (advantage)	Hindi Kabutihan (disadvantage)
Pampribadong Sasakyan (private car)		
Pampublikong Sasakyan (public transportation)		

♪ **Glossary**

Mama, diyan lang ako sa Makati. – Mister, (I) am just going to Makati.

Pakibaba ang metro. – Please turn on the taxi meter.

Papunta ako sa Quezon City. – (I) am going to Quezon City.

Sa EDSA na tayo dumaan papuntang Quezon City. – Let's take the EDSA route that goes to Quezon City.

Mama, parang ang bilis yata ng metro mo. – Mister, it seems that your taxi meter is moving too fast.

Paki para na lang dyan sa kanto./Para sa kanto. – Please stop at the corner street.

Heto ang bayad ko. – Here is my fare.

Sa inyo na po ang sukli. – Keep the change.

Pakihinaan lang ang radyo, mama. – Mister, please turn down the volume of your radio.

Kakaliwa tayo sa kanto. – We're going to turn left at the corner.

Kakaliwa tayo sa susunod na kanto. – We're turning left at the next corner.

Kakanan tayo sa kanto. – We're turning right at the corner.
Kakanan tayo sa susunod na kanto. – We're turning right at the next corner.
Deretso lang tayo. – We're going straight.
Paki-hintay lang ako dito sandali. – Please wait for me here for a moment.
Paki-hinaan lang ang aircon. – Please turn down the air-conditioning.
Paki-bagalan lang ang takbo, mama. – Mister, please slow down.
Paki-bilisan lang, mama, at may hinahabol ako. – Please speed up, mister, (I) am in a hurry.

bus – bus
jeepney – minibus
kalesa/karitela – horse-drawn carriage
kotse – car
trak – truck

Nasaan ang Manila Cathedral? – Where is the Manila Cathedral?
Saan ang pinaka-malapit na tindahan? – Where is the nearest store located?
Dito ba ang daan papuntang simbahan? – Is this the way to the church?
Nasaan ang Japanese restaurant? – Where is the Japanese restaurant?
Dito ba ang opisina ni Mr. Jose? – Is this the office of Mr. Jose?
Saan mo ipinarada ang kotse ko? – Where did you park my car?
Saan nakaparada ang mga taksi? – Where is the waiting area for taxis?
Saan pwedeng pumarada? – Where can we park?
Papaano ba pumunta sa iyong opisina? – How does one get to your office?
Saan malapit ang opisina mo? – What is your office close to?
Anong numero ang iyong bahay? – What is your house number?
Anong kalye ang iyong bahay? – What street is your house (on)?
Ika-ilan ang bahay mo mula sa kanto? – How many houses from the corner is your place?
Saan ba ang pinakamagandang mall dito? – Where is the best mall here?
Saan banda ang kalye Malvar? – Where is Malvar Street?
Malapit ba ang bahay mo sa kalye Rosas? – Is your house close to Rosas Street?
May masasakyan bang taksi sa inyong lugar? – Are there any cabs in your area?
Paano ba pumunta sa Malakanyang? – How do I get to Malacañang?
Paano ba pumunta sa Batasan? – How do I get to the Legislature?
Paano ba pumunta sa simbahan? – How do I get to the church?

CULTURAL NOTE

One of the most profound cultural experiences in the Philippines is using public transportation. This chapter focuses on the most iconic of Filipino vehicles—the jeepney. Tracing the history, culture, and socioeconomic contexts that gave rise to this manner of transport, as well as the multiplicity of social interactions and processes involved in riding one, our examination provides a window into the heart of Philippine culture.

Perhaps the most universally identifiable symbol of the Philippines is the festive, multi-colored jeepney. These popular vehicles of public transportation evolved from American military Jeeps brought to the Philippines during World War II. After the war the U.S. Army sold or gave away thousands of surplus Jeeps and Jeep parts to aid in the Filipinos' rebuilding efforts. Filipinos immediately altered the vehicle's design by elongating the rear portion to accommodate multiple riders on long benches, adding a metal roof for shade, and enhancing its appearance with the symbols and styles of local culture. Jeepneys are often covered in chrome with decorative hood ornaments, colorful murals emblazoned on the side, and given names indicating the owner's devotion to his wife, family, life philosophy, and especially religious beliefs.

As the most popular means of public transportation in both urban and rural areas of the Philippines, jeepney travel has acquired a unique cultural significance and an atmosphere of interaction truly unique to the islands. Most jeepneys meant for public transportation follow set routes between two significant locations, which are written on white placards and placed in the front window. Although there are occasionally designated jeepney stops in large urban centers such as Manila, most of the time potential riders only have to offer a wave of their hand to get a driver to stop and pick them up.

A majority of jeepneys are operated by a driver and a conductor. The conductor's primary job is to recruit passengers in any way possible. They are often heard shouting destinations in rapid fashion and with irregular emphasis on certain syllables to give their announcements rhythm. They are usually not shy in approaching potential riders, putting an arm around a shoulder and offering sincere encouragement to ride their particular jeepney. They are frequently heard yelling *Sige na!* (Come on!), *Sakay na!* (Come ride!), *Saan ka pupunta?* (Where are you going?), and *Aalis kami ngayon na* (We will leave immediately).

Since jeepney operators' incomes depend on the number of riders chauffeured in a given day, they are constantly trying to fill their vehicles to capacity. Hence, jeepneys are a tremendously rich site for experiencing the friendliness and intimacy that characterize Filipino culture. Although the padded benches lining each side of the automobile's rear compartment can usually seat eight or nine riders comfortably, conductors often squeeze twelve to fourteen people on each side, many of them carrying children, groceries, or other possessions on their laps. It is not uncommon in the provinces to see over a dozen additional riders scattered across the jeepney's roof and hanging from the back. Despite this close proximity, most riders engage in casual conversation with the person next to them or take a short nap while resting their heads in the crook of the arm holding the bar above them.

When a passenger wishes to stop (again without having to wait for a designated area) they usually knock on or flick the roof of the jeepney and declare in a loud voice, *Para! Para!* In some parts of the islands it is also common to make a loud "kissing sound" by sucking air in through puckered lips to indicate one's desire to stop. Fares are usually paid to the conductor or in some cases passed up to the driver via passengers seated near the front. Payment is usually accompanied by a polite *Bayad ho!* (Payment!) and a flurry of good-byes to those with whom the passenger was speaking.

Though hot and uncomfortable at times, jeepneys are a rich cultural experience and exemplify some of the islands' most wonderful qualities.

GUIDED CONVERSATION

On your own: Read, listen to, and study the dialog below. Practice reading the lines on your own. Change some of the lines using other, related words. Imagine you are the passenger or the driver.

♪ **Makinig at intindihin: Para, Mama Baba na po ako!**
Pasahero: Mama, magkano po ang pamasahe hanggang Buendía Avenue?
Tsuper: Dalawampiso lang.
Pasahero: Heto ho ang bayad ko.
Tsuper: Heto, ang sukli mo.
Pasahero: Salamat po.
Tsuper: Kanto ng Buendia!
Pasahero: Sa kanto lang po. Bababa na po ako.

Small group/in-class: Take on different roles, for example, jeepney *at mga* bus drivers, *mga pasahero, tinder/ro sa daan, mga tao sa daan*, and others. Write these roles on index cards. Use the glossary to copy appropriate lines. Take five minutes to memorize these short lines. Simulate a street in the city of Manila, Philippines. Listen to the exchanges, phrases, and sentences you hear during the simulation. Exchange roles and learn new lines.

For example

> Drayber: Saan po tayo pupunta?
> Turista: Saan ang Malakanyang?
> Pasahero: Bababa po ako sa kanto.

GRAMMAR: MAKING A REQUEST USING PAKI AND GIVING COMMANDS USING THE NEUTRAL FORMS OF VERBS

On your own: Study the verbs' roots and how they are used with *paki* to make requests. Another way to express a request is by using *maaari* with *ba*. Study the neutral forms of the verbs.

Meaning
Paki is the equivalent of "please." However, not all verbs can be used with *paki*. Neutral forms of the verbs are used in the imperative form (command form).

Halimbawa
> Pakibaba po ninyo ang metro. (Please put down [use] the meter.)
> Pumunta ka sa kaliwa. (Go to the left.)

Learner's Tip
Po indicates respect. Use it with plural pronouns.

> **Learner's Tip**
> Not all verbs take *paki*. Action words in conjunction with objects usually take the prefix *paki*. Most verbs classified as I-verbs take *paki*. Certain "in" verbs also take *paki* but not all!

Use

Paki is affixed to verb roots and is mostly used in the imperative form. Verb roots are used with its affix to form the neutral form (command form).

Root	Paki	Neutral/Command Form (actor or object focus)
Tawag (to call)	Paki + tawag (please call)	T*um*awag
		Tawagin (to call someone)
		Tawagan (to call someone on the phone)

Identify which verbs take *paki* or are used only with its neutral form.

Root	Command	Paki
daan		
upo		
tayo		
baba		
bayad		
hinto		

Small group/in-class: Write the verbs above in the request or command form. Add more verbs related to the theme in the list.

Writing and Speaking

Think about traveling and exploring new places in the United States or overseas.

On your own: Choose a place to visit or tour on your next vacation. Make a list of places to visit and things to do in these places.

Small group/in-class: Find a map of a city in the Philippines. Locate different places of interest and write simple directions on how to reach these points. Practice asking, writing, or giving directions with your group.

Listening and Reading

On your own: Read, listen to, and identify the characters and events in the following song. Go to http://www.seasite.niu.edu/Tagalog/filipino_tapestry.htm.

Limang Dipang Tao, by Ryan Cayabyab
Limang dipang taong nagtutulakan
Sa Avenidang aking napagdaanan
Nag-aabang ng masasakyan
Patungo kung saan di ko malaman
Sa aking jeepning sinasakyan
Mayroong natanaw na mama
Sa dinami-raming nagdaraan
Ikaw pa ang nakita,
may kasamang dalaga
"Para mama, dito na lang,
Bababa na ako . . ."
"Para mama, dito na lang,
Heto ang bayad ko . . ."
"Para na sabi, para na sabi,
para mama para na diyan sa tabi . . ."

Answer the following questions.

1. Ano ang tema ng kanta? (What is the theme?)
2. Nasaan ang asawang lalake? (Where is the husband?)
3. Nasaan ang asawang babae? (Where is the wife?)
4. Malaki ba ang jeepney? (Is the jeepney large?)
5. Ano ang nakita ng asawang babae? (What did the wife see?)
6. Marami bang tao sa kalye at sa jeenney? (Are there many people on the street and in the jeepney?)
7. Ano ang sinabi ng asawang babae bago siya bumaba? (What did the wife say before she got off the jeepney?)
8. Ano ang "para"? (What is *para*?)
9. Ano ang "mama"? (What is *mama*?)
10. Ano ang "diyan sa tabi"? (What is *diyan sa tabi*?)

Small group/in-class: Read and listen to the song again and draw a picture of the scene depicted. Write simple descriptions of the scene using Filipino words you know.

ASSESSMENT

Grammar

Study the sample sentences below.

Pumunta siya sa Manila. (verbal)
Sumakay siya ng dyip. (verbal)
Mahal ang pamasahe. (descriptive)
Saan ang bahay ni Ben? (interrogative)

Anong kalye ito? (interrogative)
Si Ben ang konduktor. (nominal)

On your own: Review the words in the following table and use them in complete sentences (command/request, descriptive, verbal, etc.).

Nouns	Adjectives	Verbs
tsuper/drayber	mainit	baba
pasahero	marami	upo
tao	masikip	para
pamilya	maingay	tumayo

Small group/in-class: Use the table below to make a list of new words related to the chapter theme. Use your dictionary. Use these words in complete sentences.

Noun	Adjective	Verb	Others

Writing and Speaking
Practice with your own written conversations.

Small group/in-class: Write a simple dialog conversation based on the following scenarios. Have another group check your group's work for ten minutes. Revise and edit if needed. Assign dialog lines to each group member.

1. You are an American visiting the Philippines for the first time. From the airport, you took a taxi to your hotel.
2. You are a *balikbayan*. Your family came to pick you up on a rented jeepney. Several members of your family came to welcome you. You put all the luggage in the jeepney but did not have space for yourself and some of your family members.
3. You and your friend took a jeepney to visit other friends in the city. You became lost and needed help.

On your own: Practice the dialog lines written above. Memorize (if you can) or work with a group member. Write cues on cards if needed.

Writing

Pretend you are tourist in Manila. How would you plan to visit the different places? Research possible destinations and make a plan using public transportation.

Intercultural Connection

On your own: Interview a Filipino and ask about his or her jeepney experiences. Use *ano*, *saan*, and *kalian* questions. Write down the person's responses and share them with the class.

Small group/in-class: Create a tourist guide for riding jeepneys, tricycles, or buses in the Philippines. Use pictures and words.

CULTURAL REFLECTION

Given the modes of transportation discussed in this chapter, would you choose the jeepney/ *dyip* or the tricycle? Would you prefer to have a private car or would you be willing to take the bus? Why? Write down the advantages and disadvantages. Use as much Filipino as you know.

ADDITIONAL ACTIVITIES

Crossword Puzzle

Solve the puzzle. Use the clues provided.

30 Filipino Tapestry

Across

1 here
3 minibus
4 street
6 corner
7 left
9 horse-drawn carriage
10 to go
11 where
12 car
13 over there (far from listener and speaker)

Down

2 truck
3 over there (near listener)
5 house
6 right
8 straight ahead
10 how

Map

Choose a shop or restaurant that you like very much, then draw a map showing how to get there from a chosen location. Write the directions in Filipino below.

Minidialogs

Fill in the missing lines of dialog.

1. Kausap ni Ben si Mila sa telepono

Mila: Saan pumunta ang nanay?

Ben: _____

Mila: Pakitanong naman sa Tatay kung saan siya pumunta.

Ben: _____

Mila: _____

2. Kumakain ang pamilya sa restoran

Nanay: Ang sarap naman ng pansit at adobo dito!

Tatay: _____

Nanay: _____

Anak: Heto po nanay.

Nanay: _____

Tatay: _____

3. Nasa loob ng klasrum ang guro at ang mga estudyante

Guro: Pakikuha ang libro at basahin ang kuwento sa pahina 21 hanggang 25.

Estudyante: _____

Guro: _____

Estudyante: _____

Guro: _____

4. Sa loob ng dyip. May mga pasahero at drayber

Pasahero: Heto po, pamasahe ko.

Drayber: Saan po kayo bababa?

Pasahero: _____

Drayber: _____

Pasahero: _____

Drayber: _____

5. Nagtatanong si Aling Nena ng "directions" kay Mang Bert

Aling Nena: Mang Bert, puwede po bang magtanong?

Mang Bert: _____

Aling Nena: Saan po ba ang daan patungo sa Luneta Park? Ngayon lang po kami makakapunta.

Mang Bert: _____

Aling Nena: Sasakay na lang po kami ng dyip para mas mura.

Mang Bert: _____

Q&A

Study the map of the city of Manila. Answer the questions below.

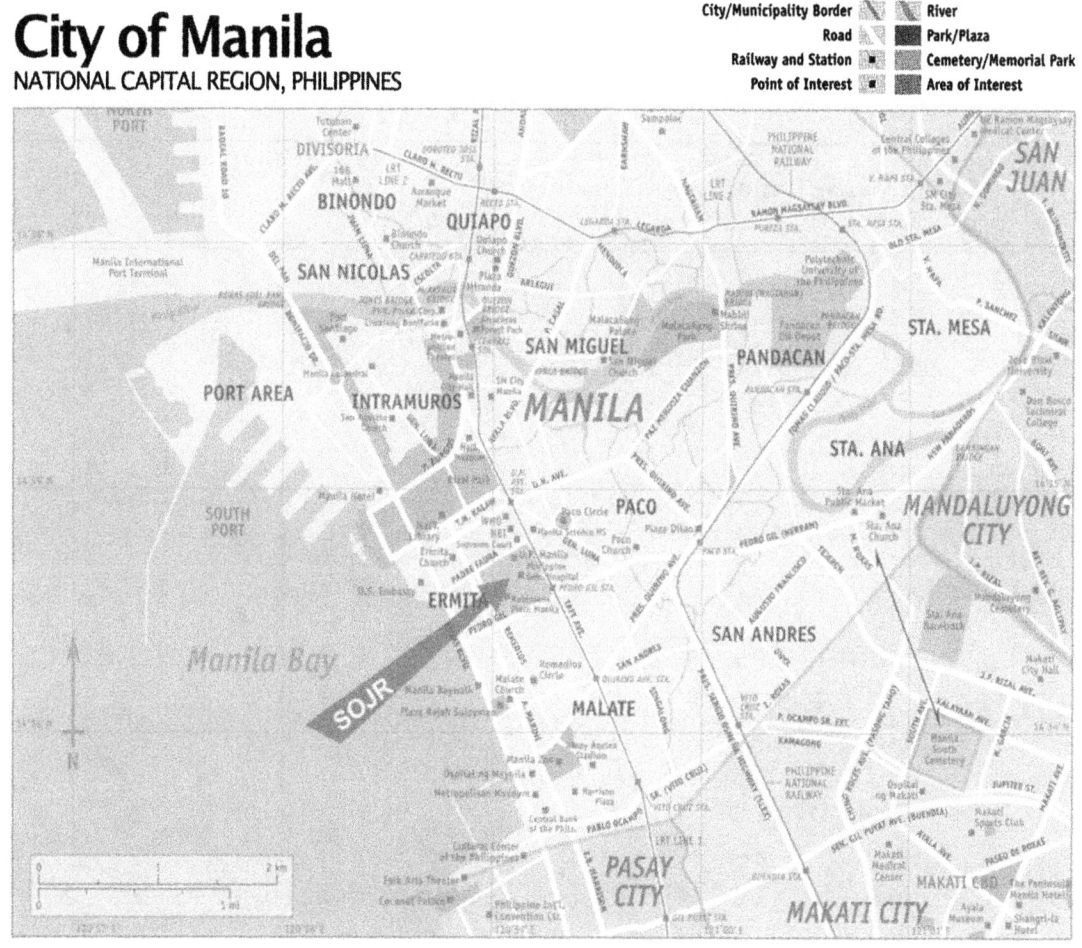

1. Nasaan ang Manila?

_____

2. Anu-ano ang mga lugar sa bayan ng Manila?

_____

3. Anong bayan ang nasa hilaga ng Manila?

4. Anong bayan ang nasa kanluran ng Manila?

5. Nasaan ang malaking parke ng Manila?

6. Anong bayan ang nasa Timog ng Mandaluyong City?

7. Malaki ba ang Manila?

8. Malaki ba ang Manila Bay?

9. Malapit ba ang Quiapo sa Binondo?

10. Malapit ba ang Intramuros sa Makati City?

3 Pamilya
Family

OBJECTIVES

- Use objective pronouns in lieu of their noun-phrase equivalents.
- Describe your own family using Filipino.
- Understand family relationships in the Philippines and the place of the family in Filipino society.

OPENING PHOTO

Filipino family

On your own: Use the following diagram to write down similarities and differences between Filipino and American families.

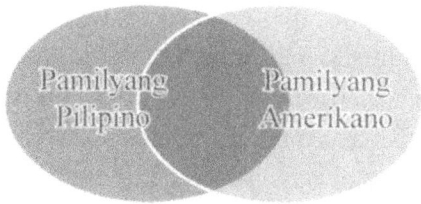

Small group/in-class: Use the following table to discuss the advantages and disadvantages of independence and interdependence. Ano ang ayaw mo? Ano ang gusto mo?

	Ayaw	Gusto
Independent		
Interdependent		

Glossary

pamilya – family
nanay – mother
tatay – father
lolo – grandfather
lola – grandmother
tito – uncle
tita – aunt
anak/mga anak – child/children
panganay – eldest
bunso – youngest
kuya – older brother
ate – older sister
pinsan – cousins
kamag-anak – relatives
inaanak – godchild
ninong – godfather
ninang – godmother
pagmano – blessing acquired by placing an elder's hand on one's forehead
matalik na kaibigan – best/close friend
pagmamahal sa pamilya – love of family
utang na loob – debt of gratitude
miyembro ng pamilya – member of the family
marami – many
masaya – happy
matulungin – helpful
trabaho – employment
magtrabaho – to work
nars – nurse
doctor – doctor
guro – teacher
inhinyero – engineer
mangangalakal – businessperson
sekretarya – secretary
maybahay – homemaker

CULTURAL NOTE

The family is the most basic and fundamental unit of Filipino society. Like many Asians, Filipinos regard loyalty and respect within the family to be among their most important cultural values. Historically, populations in the Philippines have tended to organize themselves into broadly defined clans and familial social and political networks. Precolonial Tagalogs, for example, recognized cousins up to the seventh degree. Extended family members in most parts of the islands often live together in a cluster of houses and usually consider all of these familial dwellings as "home."

Respect for one's elders provides the social structure for most Filipino families. Fathers, mothers, grandparents, aunts, uncles, and older siblings all have affectionate titles of respect that indicate and acknowledge their seniority. Although the formal terms for "father" and "mother" are *ina* and *ama*, respectively, many Tagalog speakers use the more familiar and affectionate *nanay* or *inay* and *tatay* or *itay*. This is comparable to the English use of "mom" or "dad" as opposed to "mother" and "father." Grandmothers and grandfathers are referred to as *lola* and *lolo*, while aunts and uncles are generally called *tia* or *tita* and *tio* or *tito*. Among siblings, special care is taken to always refer to older brothers and sisters by their appropriate titles. Older brothers are addressed as *kuya* and older sisters as *ate*. While these designations can be used by themselves, they are often employed prior to the person's name – for example, Kuya Roland or Ate Belen. What is important is that speakers acknowledge a person's seniority. Hence, these appellations are also typically used when speaking to individuals who are not necessarily family. A respectful Tagalog speaker will almost always address an elderly woman on the street, for example, as *lola* (e.g., *Magandang araw, Lola*).

Proscribed roles are also an important part of Filipino families. Traditionally, mothers run the household and manage financial affairs while fathers earn the family's income. Although it is also correct to say that mothers are primarily in charge of tending to children, child care is often a family affair, with aunts, uncles, grandparents, and older siblings bearing much of the load. In urban areas, however, among upper- and upper-middle-class families it is increasingly common for mothers to find employment outside the home. These women can usually afford to hire a *katulong* (domestic helper) or *yaya* (nanny) to care for the children.

Though broadly inclusive, the family is the cornerstone of Filipino society and tends to define an individual more than any other factor. Employment, location, and even marriage are largely determined within the scope of one's family. It serves as patron, social safety net, and even at times a disciplinary council.

GUIDED CONVERSATION

On your own: Read and listen to the following dialogs. Practice reciting the lines. Translate the words you know and compare your translation with that of a partner.

♪ Ang Pagbabalikbayan ni Nanay
Tatay: Darating ang nanay sa pasko. Dito siya sa Pilipinas magpapasko.
Anak 1: Sana hindi makalimutan ni nanay ang sapatos ko.
Anak 2: Sana bumili si nanay ng maraming tsokolate.
Anak 3: Sana bumili siya ng maraming T-shirts.
Tatay: Ay naku! Huwag kayong mag-alala. Sigurado kong marami kayong pasalubong.

♪ Ang Pamilya at ang Kaibigan
Ate Belen: Mila, mabuti naman at napadaan ka.
Mila: Nasa bayan kasi ako ngayon. Hindi naman pala malayo ang bahay mo.
Nanay: Belen, papasukin mo naman ang kaibigan mo.
Ate Belen: Opo. Nanay, ito po si Mila. Kaibigan at kaklase ko. Taga San Pedro po siya.
Mila: Magandang hapon po.
Nanay: Mabuti naman at napadaan ka.
Mila: Pumunta po kasi ako sa Unimart para bumili ng regalo sa kasal ng pinsan ko.
Ate Belen: Ikakasal po ang pinsan niya sa susunod na Sabado at dadalo ang buong pamilya.

Small group/in-class: Write short dialog lines for each of the following scenarios.

1. Bumisita ang pamilya mo sa bahay ng Tito at Tita mo.
2. Taga Amerika ka. Dumating ang mga Lolo at Lola mula sa Pilipinas.
3. Ipinakilala mo ang kasintahan mo sa buong pamilya.

GRAMMAR: OBJECTIVE PRONOUNS

On your own: Study the table below. Use the pronouns in simple sentences. Write the English equivalent of these pronouns on the blank grid provided.

	Singular	Plural
First person	ko	namin (exclusive) natin (inclusive)
Second person	mo	ninyo
Third person	niya	nila

	Singular	Plural
First person		
Second person		
Third person		

Meaning

Objective pronouns are used in lieu of *ng* or *ni* phrases. These pronouns indicate possession.

    Mahirap ang buhay *ng pamilya ni Ben* pero masaya sila.
    Mahirap ang buhay *nila* pero Masaya sila.

Form

Ng pronouns are posted after the word modified. They are also used as actors with object focus verbs.

    kapatid nila
    pamilya namin
    kaarawan ko
    magulang mo

Small group/in-class: Use the following phrases in simple sentences.

1. Susi nila
2. Matalik kong kabigan
3. Kanilang tindahan
4. Lolo at lola ko

5. Kuwintas niya
6. Mga pinsan ko
7. Aming bayan
8. Kamag-anak namin
9. Bahay namin
10. Tatay ko
11. Kotse mo

Halimbawa

Nasa bahay ang nanay ko. (My mother is at the house.)

Rewrite the sentences using the most appropriate pronoun in lieu of the *ang/ang mga* or *si/sina* phrases and the other compound pronouns (italic phrases).

1. Nasa aklatan ang libro *ng mga estudyante.*

   _____

2. Mahal ang kompyuter *ni kuya Ben*

   _____

3. Nasa bangko ang pera *ng pamilya ko.*

   _____

4. May gulay sa tindahan *ng pamilya nina Aling Nena at Mang Juan.*

   _____

5. Mabilis ang kotse *ko at ni Ben.*

   _____

Reading

Read the excerpt below.

Ang Tindahan ni Aling Mila

Nasa kanto ang tindahan ni Aling Mila. Maraming paninda dito. May delata, gulay, prutas, mantika, toyo at marami pang iba.

Kasama sa pagtitinda ang buong pamilya niya. Tumutulong ang kaniyang anak na babae tuwing umaga. Tumutulong din ang anak niyang lalake tuwing gabi. Kung walang pasok, tumutulong din ang asawa niya. Matulungin ang pamilya niya.

Mahirap ang trabaho sa tindahan ni Aling Mila pero masaya naman siya. Suki niya ang lahat ng kapitbahay niya. Magalang ang lahat sa kaniya. Masaya ang buong baranggay sa tindahan ni Aling Mila.

Children at a sari-sari store

Answer the following comprehension questions in Filipino.

1. Nasaan ang tindahan ni Aling Mila?
2. Sinu-sino ang tumutulong sa kaniya?
3. Sino ang tumutulong tuwing umaga?
4. Sino ang tumutulong tuwing gabi?
5. Tumutulong ba ang asawa niya?
6. Masaya ba ang pamilya ni Aling Mila?

Listening and Writing

On your own: Listen to the song "Anak." Go to http://www.seasite.niu.edu/Tagalog/filipino_tapestry.htm. Write familiar words you recognize from the song and do the following exercises.

1. Ano ang tema ng awit?
2. Sinu-sino ang mga tao sa kanta?
3. Ano ang damdamin ng kanta?
4. Ilarawan ang anak.
5. Ilarawan ang tatay.
6. Ilarawan ang nanay.

Small group/in-class: Listen to the song "Anak." As a group, write a short summary of it. Act it out in a short play.

Writing

On your own: Create your own family tree. Use the diagram below as a model.

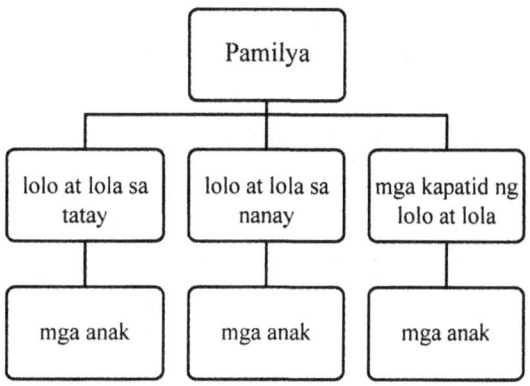

Small group/in-class: Share your family tree in a small group. Describe the family members in the tree. Use Filipino words.

ASSESSMENT

Reading
Read the lyrics to the song below.

Anak, by Freddie Aguilar
Nang isilang ka sa mundong ito
Laking tuwa ng magulang mo
At ang kamay nila ang iyong ilaw
At ang nanay at tatay mo'y
Di malaman ang gagawin
Minamasdan pati pagtulog mo
At sa gabi'y napupuyat ang iyong nanay
Sa pagtimpla ng gatas mo
At sa umaga nama'y kalong ka
Ng iyong amang tuwang-tuwa sa iyo

Ngayon nga ay malaki ka na
Nais mo'y maging malaya
Di man sila payag
Walang magagawa
Ikaw nga ay biglang nagbago
Naging matigas ang iyong ulo

At ang payo nila'y sinuway mo
Di mo man lang inisip na
Ang kanilang ginagawa'y para sa iyo
Pagkat ang nais mo'y
Masunod ang layaw mo
Di mo sila pinapansin

Nagdaan pa ang mga araw
At ang landas mo'y naligaw
Ikaw ay nalulong sa masamang bisyo
At ang una mong nilapitan
Ang iyong inang lumuluha
At ang tanong, "anak, ba't ka nagkaganyan"
At ang iyong mata'y biglang lumuha ng di mo pinapansin
Nagsisisi at sa isip mo'y
Nalaman mong ika'y nagkamali
Nagsisisi at sa isip mo'y
Nalaman mong ika'y nagkamali
Nagsisisi at sa isip mo'y
Nalaman mong ika'y nagkamali
Nagsisisi at sa isip mo'y
Nalaman mong ika'y nagkamali

On your own: Answer the following questions.

1. Mahal na mahal ba ng nanay at tatay ang kanilang anak?

2. Sino ang nag-aalaga sa anak tuwing gabi?

3. Ano ang ginawa ng anak nang lumaki siya?

4. Nangyayari ba ito sa totoong buhay?

5. Kung magulang ka, tatanggapin mo ba ang anak mo?

6. Kung ikaw ang anak, babalik ka ba sa mga magulang mo?

7. Bakit "anak" ang pamagat ng kanta?

8. Sang-ayon ka ba sa pamagat na ito?

Small group/in-class: Work together as a group to translate parts of "Anak" into English. Share your translation with the class. Compare and contrast your translation with those of other groups.

Writing and Speaking

On your own: Find someone who fits one or two of the following descriptions. Write their names on the blank lines.

1. Buhay pa ang dalawang lolo at lola

2. May kapatid na lalake

3. May kapatid na babae

4. Panganay sa pamilya

5. Bunso sa pamilya

6. May mga tito at tita

7. May ninong at ninang

8. Nars ang nanay

9. Doktor ang tatay

10. May mga pamangkin

Small group/in-class: Review the responses to the task above. Compare answers. Present findings using a table or graph. Share this with the class.

Grammar

On your own: Translate the following phrases into Filipino and use them in complete sentences.

1. My parents

2. Our grandparents

3. His nieces

   _____

4. Her godparents

   _____

5. Their family

   _____

6. Their home in the province

   _____

7. Her uncle and aunt

   _____

8. My nephews

   _____

9. Our (exclusive) godchild

   _____

10. Your godchildren

    _____

Small group/in-class: Write the most appropriate words or phrases to complete the short narrative below.

_____ ang pamilya ko. Tuwing tag-init, pumupunta kami sa bahay ng _____. Nagluluto ang _____ ng maraming pagkain. Nagdadala _____ ng maraming laruan. Dumarating ang mga _____, _____, at halos lahat ng kamag-anak ko. _____ ang buong pamilya.

Writing

On your own: Write a short description of the following members of your family in Filipino.

1. Tatay

   _____

2. Nanay

   _____

3. Lolo

   _____

4. Lola

5. Paboritong tito

6. Paboritong tita

7. Pamangkin

8. Kapatid

Small group/in-class: You are planning a family reunion. Prepare the invitations. Decide the following details. Saan gaganapin? Sino ang kasama? Anu-ano ang kakainin? Anu-ano ang gagawin. Make a plan of activities and tasks for each member of the family. Share your plan with the class.

Intercultural Connection

On your own: Interview a Filipino student and ask about his or her family. Use *ano*, *saan*, *kailan*, and *sino* questions. Write a short narrative about the student's Filipino family.

Small group/in-class: Create a simple television or radio advertisement about "The Filipino Family." Be creative!

CULTURAL REFLECTION

The family is the smallest unit of a society. How is your family different from and similar to a Filipino family? If you are an immigrant, how has your family changed? Which of of your traditions are different or similar?

ADDITIONAL ACTIVITIES

Crossword Puzzle

Solve the puzzle. Use the clues provided.

Across
- 3 father
- 4 grandmother
- 6 best friend
- 8 cousin
- 10 work/employment
- 12 engineer
- 15 businessperson
- 16 lawyer
- 18 family
- 19 aunt
- 20 mother
- 21 older brother

Down
- 1 anak/relatives
- 2 happy
- 5 friend
- 6 helpful
- 7 niece or nephew
- 9 godfather
- 11 grandfather
- 13 godchild
- 14 many
- 15 homemaker
- 17 godmother

46 Filipino Tapestry

Reading

Read the following paragraph.

Mga anak sa tabing dagat

Nasa bahay ako noong isang linggo kasama ang aking pamilya. Pumunta kami sa aklatan at humiram ng maraming libro. Masaya rin ako kasi nagluto ako ng maraming pagkaing Pilipino para sa pamilya ko. Marami kaming maruming damit kaya naglaba rin ako. Noong Biyernes nanood kami ng asawa ko ng sine at kumain sa labas. Pumunta rin kami lahat sa isang "resort" at naligo sa dagat. Sa mga araw na maganda at mainit ang panahon, naglaro kami sa labas ng bahay at sa parke. Masaya ang aking spring break.

Answer the following questions.

1. Nasaan siya noong spring break?
   _____

2. Saan-saan pumunta ang kanyang pamilya?
   _____

3. Ano ginawa nila sa mga lugar na ito?
   _____

4. Ano ang niluto niya para sa pamilya?
   _____

5. Bakit siya naglaba?
   _____

6. Ano ang ginawa nila noong Biyernes?
_____

7. Ano ang ginawa nila nang uminit ang panahon?
_____

Family Tree

Fill in the names of your family members in the family tree below.

Ang Pamilya Ko
Magulang

(Nanay) _____   (Tatay) _____

Mga Anak
(Ako)

_____

Mga Kapatid ko

_____ _____ _____

_____ _____

Mga Asawa ng mga kapatid ko
Mga hipag at bayaw ko
Mga Manugang ng Tatay at Nanay ko

_____ _____ _____

_____ _____

Mga Pamangkin ko
Mga Apo

_____ _____ _____
_____ _____ _____
_____ _____ _____
_____ _____ _____

Interview

Interview one or more friends. Ask them the questions listed below. Translate the questions into English if your friends are not Tagalog speakers, then translate their answers into Tagalog.

1. Para sa iyo, ano ang kahulugan ng pamilya?

2. Sinu-sino ang miyembro ng pamilya mo?

3. Marami ka bang kamag-anak?

4. Masaya ba ang pamilya mo?

5. Ilarawan ang gusto mong pamilya.

Identification

Who is it?

1. Siya ang asawa ng tita mo.

2. Siya ang matandang kapatid na lalaki.

3. Siya ang anak ng kapatid mo.

4. Siya ang matandang kapatid mong babae.

5. Siya ang nanay ng tatay mo.

6. Siya ang asawa ng lola mo.

7. Siya ang ate ng nanay mo.

   _____

8. Siya ang kuya ng tatay mo.

   _____

9. Siya ay anak ng kapatid ng nanay mo.

   _____

10. Siya ang anak ng anak mo.

    _____

Problem and Solution

List a number of potential family problems in the left column below and then list their solutions in the right column.

Mga Posibleng Problema ng Pamilya	Mga Maaring Solusyon sa Problema (Dapat, Kailangan)
Mahirap ang pamilya.	Kailangang magtrabaho ang lahat ng miyembro ng pamilya. Dapat simple ang pamumuhay.

Story Starter

Write a short paragraph describing the photo below.

Pamilya sa dagat

Pamilya 51

4 Barkada
Friends

OBJECTIVES

- Use *ang* pronouns (subjective) and interrogatives in simple sentences.
- Describe and discuss the importance of friendship in Filipino culture.
- Describe and discuss the concept of *pakikisama*.

OPENING PHOTO

Mga Magkakaibigan

On your own: Ilarawan ang mga magkakaibigan sa larawan. Sa palagay mo, matalik ba silang magkakaibigan o hindi? Bakit? Ano ang pinag-kaiba ng matalik na kaibigan sa simpleng kaibigan. Ilarawan. Gamitin ang "grid" na ito.

Mga Matalik na Kaibigan	Mga Kaibigan

Small group/in-class: Share with your group your perspectives on friendship. Sagutin ang mga tanong.

1. Marami ka bang mga kaibigan?
2. Bakit mahalaga ang barkadahan?
3. May pagkakaiba ba ang barkadahan sa iba't-ibang kultura?
4. Kung babae ka, may kaibigan ka bang mga lalake?
5. Kung lalake, may kaibigan ka bang babae?

♪ Glossary

barkada – close friend
kaibigan – friend
pagkakaibigan – friendship
kainan – a place to eat
sama-sama – togetherness
sa hirap – in difficult times
sa ginhawa – in good times
tulong-tulong – helping together
dalaga – single woman
binata – single man

marami – many
masipag – industrious
masaya – happy
mahusay – efficient
matapang – brave
mabait – good
magalang – polite

mayaman – wealthy
mahirap – difficult or poor

ano – what
sino – who
saan – where
ba – yes/no question marker
kailan – when
bumisita – to visit
maglakbay – to travel
maglaro – to play
mag-usap – to speak
magtawagan – to call each other
magtulungan – to help each other
magkasama – to be together
magsabihan – to share with or tell each other
magbigayan – to give each other
magmahalan – to love each other

CULTURAL NOTE

As discussed previously, the cultural concept of *pakikisama* is very important among Filipinos. Friendships and interpersonal relationships provide social context and security for members of Philippine society. Hence, most Filipinos have a group of close friends referred to as *barkada*. In an American context, *barkada* are those friends with whom one "hangs out." They are considered close companions and are usually trusted with the most intimate thoughts and details that friends can share.

Barkadahan usually spend their free time together going to movies, singing, eating, studying, or just hanging out together talking. As in many cultures worldwide, *barkada* groups will often organize around certain interests or identities. Interests in various sports, musical styles, religious beliefs, and hobbies can often form the basis for *barkadahan*. Also, given the Philippines' traditionally stratified social hierarchy, social class and income often exercise a significant influence on one's chosen group of friends.

Barkada are considered both a good and a bad thing by many Filipinos. Since Filipino culture typically eschews excessive individuality and usually avoids confrontations, peer pressure can exercise great influence. Filipinos often find it difficult to break from their peer groups or deny requests from close friends. Vice and mischief among young people are often associated with the bad influence of delinquent *barkada*. On the other hand *barkada* are also reliable sources of assistance in difficult times. The encouragement and loyalty of good friends is considered a social treasure by most Filipinos. The positive influence of caring *barkada* can buoy individuals and guide them in successful endeavors.

GUIDED CONVERSATION

On your own: Read and listen to the following simple dialogs.

♪ Sa Telepono
Tony: Puwede bang maka-usap si Ben. Si Tony ito.
Ben: Tony, si Ben ito. Kumusta na?
Tony: Mabuti naman. Ikaw, ano ang bago sa buhay natin?
Ben: Bibinyagan ang bunso ko sa susunod na buwan. Isa ka sana sa mga ninong. Sana makakarating kayo ng misis mo. Isama ninyo ang mga anak ninyo. Sa Saint Peter's Church ang binyag at sa bahay ang handaan.
Tony: Darating kami, siyempre, pare. Kung may maitutulong ako para sa handaan, tawagan mo na lang ako.

♪ Sa Salu-Salo
Sharon: Gladys, mabuti naman at nakarating ka. Kumusta na ang pamilya mo?
Gladys: Heto, sa awa ng Diyos mabuti at malusog naman kaming lahat. Ikaw, kumusta na kayo ng Mister mo?
Sharon: Nakakaraos naman kami. Minsan walang trabaho si Mister pero okay naman kaming lahat.
Gladys: May bagong bisnis ang asawa ko ngayon. Nagtitinda na kami ng mga palay at abono. Kung maluwag ang oras ng mister mo tuwing Biyernes at Sabado, puwede siyang tumulong sa aming bisnis.
Sharon: Maraming salamat, Gladys. Kahit kaunting oras, makakatulong din iyan sa aming pamilya.
Gladys: Huwag kang mag-alala, Sharon. Giginhawa din kayo.

Small group/in-class: Reread and practice reciting the dialog lines in your group. Write your own dialog lines for the following scenarios.

1. Nakita mo ang kabigan mo sa tindahan.
2. May sakit ang anak ng kaibigan mo. Tawagan mo sila sa bahay.

GRAMMAR: ANG (SUBJECTIVE) PRONOUNS AND INTERROGATIVES

On your own: Study the following chart of pronouns and the discussion of interrogatives.

Meaning

Ang pronouns are the subjective pronoun equivalent in Filipino. *Ng* pronouns are the objective and possessive pronoun equivalent in Filipino.

Ang Pronouns

	First Person	Second Person	Third Person
Singular	ako	ikaw/ka	siya
	I	you	he/she
Plural	tayo (inclusive) kami (exclusive)	Kayo	sila
	we	you	they

Ng Pronouns

	First Person	Second Person	Third Person
Singular	ko, akin	iyo, mo	niya, kaniya
	my, mine	your	his/her
Plural	atin natin	inyo, ninyo	nila, kanila
	our	your	their

Use

Ang and *ng* pronouns are used in lieu of nouns. They are also used in lieu of the subjects or objects of sentences. *Ng* pronouns are also used to indicate possession.

Siya ang matalik kong kaibigan.
Kotse ito ng kabigan ko.
Bahay ito ng aking kaibigan.

Form

Subjective pronouns take the subject position. Objective pronouns take the object position or oftentimes the possessor. Possessive pronouns are posted after or before the possessed words.

Bahay ko (house my)
Aking bahay (my + linker *ng* + house)
Kaibigan niya (friend his/her)
Kaniyang kaibigan (his/her + linker *ng* + friend)

Barkada 55

Small group/in-class: Use the following phrases, subjective pronouns, adjectives, and verbs to form sentences. Supply the missing markers and linkers.

1. Siya, kaibigan ko, masaya
2. Ako, marami, kaibigan
3. Siya, asawa, Ben
4. Sila, pamilya, putting bahay
5. Mabait, sila, kaibigan
6. Maganda, bahay, nila, bukid
7. Masipag, kaibigan ko
8. Matulungin, mga kaibigan namin

Listening and Reading

Read, listen to, and translate the song below. Go to http://www.seasite.niu.edu/Tagalog/filipino_tapestry.htm.

Awit ng Barkada, by Apo Hiking Society
Nakasimangot ka na lang palagi
Parang ikaw lang ang nagmamay-ari
Ng lahat ng sama ng loob
Pagmumukha mo ay hindi maipinta
Nakalimutan mo na bang tumawa
Eh, sumasayad na ang nguso mo sa lupa

Kahit sino pa man ang may kagagawan
Ng iyong pagkabigo
Ay isipin na lang na ang buhay
Kung minsan ay nagbibiro
Nandirito kami, ang barkada mong tunay
Aawit sa iyo
Sa lungkot at ligaya, hirap at ginhawa
Kami'y kasama mo
O ikaw naman

Kung sa pag-ibig may pinag-awayan
Kung salapi ay huwag nang pag-usapan
Tayo'y 'di nagbibilangan
Kung ang problema mo'y nagkatambakan
at mga utang 'di na mabayaran
Lahat ng bagay ay nadadaan sa usapan

Kasama mo
Kasama mo
Kasama mo

Glossary

nakasimangot – pouting
palagi – all the time
nagmamay-ari – belonging to
sama ng loob – ill feelings
pagmumukha – your face
sumasayad ang nguso sa lupa – idiomatic expression for long face
kagagawan – someone's doing
nagbibiro – joking

narito – here
lungkot at ligaya – sadness and happiness

pinagawayan – in conflict with
nagbibilangan – counting
magkatambakan – above one's head
hindi mabayaran – can't pay
utang – debt

Small group/in-class: Share your group's translation of the song. Compare and decide on the best translation. Read it to the class. Make changes to the translation if needed. Create a mime of the song as a group.

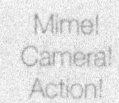

Speaking

On your own: Make a list of experiences you have had with friends outside of your own culture. Anu-ano ang mga kabutihan ng ganitong pagkakaibigan? Isulat!

Small group/in-class: What will you say in a given situation? Act out the different scenarios below.

> Group 1 – Pumunta ka sa bahay ng kaibigan mo. Inanyayahan ka ng lola niyang kumain. Hindi ka sigurado kung ano ang gagawin mo.
> Group 2 – Ikaw si lola. Dumating ang kabigan ng apo mo. Amerikano siya. Inanyayahan mong kumain. Nagluto ka ng isda at pinakbet.
> Group 3 – Ikaw ang apo. Ayaw mong kumain kayo ng kaibigan mo sa bahay. Ayaw mong makita niya ang pritong isda na may ulo. Hindi ka rin sigurado kung gusto niya ng kanin at mga gulay sa pinakbet. Ano ang sasabihin mo sa kabigan at sa lola?
> Group 4 – Ikaw si nanay. Gusto mong kumain muna sila bago sila umalis para hindi sila magutom sa pagbabasa sa aklatan.

Writing

On your own: Anong klaseng lugar ang gusto mong bisitahin kasama ang mga kaibigan mo? Gusto mo bang pumunta sa dagat? Gusto mo bang pumunta sa bundok? Magsulat ng maikling sanaysay tungkol sa mga lugar na puwedeng bisitahin ng mga magkakaibigan.

Small group/in-class: Gumawa ng isang "poster" o "ad" tungkol sa mga lugar na ito. Ibalitang maganda ang mga lugar na ito para sa mga magkakaibigan. Use the Internet to research these places.

1. Los Baños, Laguna
2. Morong Beach, Bataan
3. Boracay Island
4. Samal Island, Davao
5. Baguio City

ASSESSMENT

Writing and Speaking

On your own: Interview someone who speaks Filipino. Write down his or her responses. Use the following interview questions.

1. Ano ang pangalan mo?
2. Saan ka ipinanganak?
3. Sino ang mga magulang mo?
4. Saan ka ngayon nakatira?
5. Ano ang trabaho mo?
6. Kailan ka ipinanganak?
7. Sino ang paborito mong manunulat?
8. Anong binabasa mong libro ngayon?
9. Ano ang gusto mong gawin kung hindi ka nagtratrabaho o nag-aaral?
10. Sino ang modelo mo sa buhay?

Small group/in-class: Magtulungan. Magsulat ng isang maikling sanaysay tungkol sa taong i-ninterbyu mo. Proofread and edit each other's written work.

Grammar

On your own: Write an appropriate response or question to match the following.

1. Ito ang matalik kong kaibigan.
2. Nag-aaral siya sa kolehiyo sa Manila.
3. Kailan siya bibisita sa bahay nina Ben at Mila?
4. Oo, pupunta siya sa salu-salo mamaya.
5. May trabaho na ba ang asawa mo?
6. Sa Sabado ang kainan sa bahay.
7. Anong oras ang kainan sa bahay ninyo?
8. Ano ang problema natin?
9. Masaya ka ba sa buhay?
10. Sa hirap at ginhawa, maaasahan kita bilang kaibigan.

Small group/in-class: As a group, formulate sentences using the subjective and objective pronouns and all the interrogatives. Formulate your own patterns and grammatical rules in using them. Write these patterns and rules down in English. Share them with the class. Provide sample sentences in Filipino.

Reading
On your own: Basahin ang sumusunod na talata.

♪ **Barkada**

Pumunta ang mga magkakaibigang Menchie, Irene, Odette at Rhoda sa dagat noong bakasyon. Kasama nila ang kanilang mga pamilya. Natulog sila sa mga bahay kubo sa tabing dagat. Kumain sila ng mga sariwang isda at gulay. Naglaro sila ng bola sa tabing-dagat at lumangoy sila sa dagat buong araw. Isang araw, sumakay din silang lahat sa maliit na bangka para makita nila ang mga magagandang tanawin. Pumunta sila sa iba't-ibang isla at naglakad sa mga paligid nito. Maganda at malinis ang dagat. Gustong-gusto nilang lahat ang sariwang hangin, mga pagkaing pandagat, mga gulay at prutas.

Masaya ang bakasyon ng mga magkakaibigan kasama ang kanilang mga pamilya. Sa susunod na bakasyon gusto nilang magbakasyon sa bundok ng Makiling sa Los Banos, Laguna. Maganda talaga ang samahan ng mga magkakaibigan.

Small group/in-class: Answer the following comprehension questions.

1. Saan pumunta ang mga magkakaibigan?
2. Kailan sila nagbakasyon?
3. Sinu-sino ang kasama sa bakasyon?
4. Kasama ba ang kanilang pamilya?
5. Anu-ano ang mga ginawa nila sa dagat?
6. Sumakay ba sila ng bangka?
7. Maganda at malinis ba ang dagat?
8. Anu-ano ang mga gusto nila sa bakasyong ito?
9. Saan sila pupunta sa susunod na bakasyon?
10. Maganda ba ang samahan nilang lahat?

Intercultural Connection
On your own: Sinu-sino ang mga barkada mo? Anu-ano ang mga ginagawa ninyo kung magkakasama kayo? Kumakain ba kayo? Naglalaro ba kayo? Saan kayo pumupunta? Marami ka bang kaibigan? Sino ang matalik mong kabigan? Bakit mahalaga sila sa buhay mo?

Small group/in-class: Share your thoughts with your group. Magsulat ng mga simpleng sawikain (proverbs or sayings) tungkol sa pagkakaibigan.

CULTURAL REFLECTION

Ano ang pinagkaiba ng pagkakaibigan sa Pilipinas at sa ibang bansa? Iba ba ito o pareho lang?

ADDITIONAL ACTIVITIES

Crossword Puzzle

Solve the puzzle. Use the clues provided.

Across
5 rich
8 to travel
9 friend
10 good
12 brave
15 single man
16 to call each other
17 courteous
20 to visit
22 to love each other
24 industrious
24 to play
26 place to eat
27 helping together
28 in difficult times
29 to help each other

Down
1 happy
2 close friend
3 to give each other
4 efficient
6 togetherness
7 to be together
11 many
13 friendship
14 to share with or tell each other
18 in good times
19 to speak
21 poor
23 single woman

Interview

Translate the questions below into English and interview four non-Filipino-speaking friends. Ask them about their favorite things.

Unang Kaibigan

    Ano ang paborito mong kulay?
    Ano ang paborito mong aliwan?
    Ano ang paborito mong sasakyan?
    Ano ang paborito mong hayop?

Pangalawang Kaibigan

    Ano ang paborito mong banda?
    Ano ang paborito mong minatamis?
    Ano ang paborito mong artista?
    Ano ang paborito mong laro?

Pangatlong Kaibigan

    Ano ang paborito mong "holiday"?
    Ano ang paborito mong panahon?
    Ano ang paborito mong damit?
    Ano ang paborito mong restoran?

Pang-apat na Kaibigan

    Ano ang paborito mong "cartoon"?
    Ano ang paborito mong "subject"?
    Ano ang paborito mong pelikula?
    Ano ang paborito mong ulam?

Write a short narrative about each friend in Filipino.

1. _____

2. _____

3. _____
_____
_____
_____
_____
_____
_____

4. _____
_____
_____
_____
_____
_____
_____

Vocabulary

Circle the words that do not belong in each group.

kaibigan	ulam
kasama	isda
kaklase	gulay
kakilala	prutas
kalan	kutsara
sinehan	mabait
restoran	magalang
parke	matalino
eskuwelahan	masaya
telebisyon	malayo
kantahan	damit
sayawan	kamiseta
salu-salo	pantalon
kaarawan	sapatos
labahan	regalo

Writing

Use ten of the words in the vocabulary activity in complete sentences.

1. _____
2. _____
3. _____
4. _____
5. _____
6. _____
7. _____
8. _____
9. _____
10. _____

Subjective Pronouns

Fill in the correct pronouns.

1. Naglaro _____ (si kuya at mga kabigan niya) ng soccer sa parke kahapon.

2. Nagluluto _____ (ako at si nanay) ng mga pagkain para sa salu-salo mamaya.

3. Pupunta _____ (siya at ang pamilya niya) sa dagat sa bakasyon.

4. May bagong kotse _____ (si Ben).

5. Napakaingay ninyo! Lumabas _____ (you, plural).

5 Bahay
Home

OBJECTIVES

- Link words using *na* and *ng* in sentences.
- Name the different parts of a Filipino home and describe them.
- Differentiate and describe the differences between a house in the Philippines and houses in other countries.

OPENING PHOTOS

Bahay kubo

Modernong bahay

On your own: Study the pictures. Make a list of the similarities and differences between traditional *bahay kubo* in the Philippines and Western-style homes.

	Similarities	Differences
Bahay kubo		
Western style		

Small group/in-class: Draw a simple picture of the inside of your house. Label the rooms in Filipino. Share and compare this with others.

♪ Glossary

bahay – house
tahanan – home
bahay kubo – house made of nipa wood and bamboo
kusina – kitchen
sala – living room
kuwarto – bedroom
banyo – bathroom
bakuran – yard
bakod – fence
halaman – plants
bulaklak – flowers
sopa – couch
upuan – chair
mesa – table
hapag kainan – dining table
kama – bed
aparador – dresser/cabinet
plato – plate
kutsara – spoon
tinidor – fork
kaldero – cooking pan
palayok – wok
sahig – floor

kisame – ceiling
paligid – surroundings

magkapitbahay – neighbors
magkaibigan – friends
buhay – life
simple – simple
maganda – beautiful
malinis – clean
malaki – big
mahal – expensive
mahangin – windy
mainit – warm/hot
maayos – organized
makintab – shiny

magluto – to cook
maglinis – to clean
maglaba – to do laundry
magligpit – to put things away
magwalis – to sweep
maghugas – to wash
magprito – to fry
mag-ayos – to prepare

Bahay

CULTURAL NOTE: BAHAY

If families are the most fundamental social unit in Philippine society, then Filipino homes are the most fundamental material structures. This chapter looks at a variety of Filipino homes and the cultural norms that influence their style, decor, and living habits within.

One may encounter a variety of homes in the Philippines, but most tend to conform to the dictates of the islands' tropical climate in both arrangement and building materials. The classic icon of Filipino dwellings is the *bahay kubo* constructed of nipa—a type of palm tree indigenous to Southeast Asia. Typically a square structure with elegantly woven walls and a thatched palm leaf roof, the *bahay kubo* sits on stilts to avoid becoming soiled with water and mud. Most of these homes consist of only one room partitioned by sheets hung over lines strung across the interior. Its lightweight building materials and elevated location make it ideal for tropical climates. Cool breezes are able to pass through the woven nipa and underneath the floor, keeping the contents inside relatively dry and fresh. Cooking is usually done in a "dirty kitchen" outside or underneath the house.

Cinderblock or hollow-block homes are also very common in the islands. They are typically constructed by cementing together walls of cinderblock with metal rebar running through the holes for extra support. The roofs are usually made of corrugated tin, which produces an unbelievable noise during the rainy season. Since cinderblock homes are often larger that the *bahay kubo*, they generally contain one or more bedrooms and an indoor bathroom and kitchen. These dwellings may also have concrete floors, although this feature is sometimes added later as money becomes available.

For those with access to greater financial means, cement homes are common. These dwellings offer greater stability and security. The interior is often accented with tiled floors, ceiling fans, and sometimes air-conditioning, while the exterior is protected with stylish metal window coverings. All of these homes are typically surrounded by small gardens consisting of vegetable plants, beautiful native orchids, and other flowers. Of course, those living in high-rise apartments in urban areas have no gardens.

No matter the style or location of Filipino homes, the interiors all have several distinguishing features. Family photographs (typically of weddings, graduations, and baptisms), diplomas and awards, and religious icons are hung prominently on the walls. The living areas contain a collection of bamboo furniture, including a small table perfect for *mirienda* (snacks). Every inch of the dwelling is generally kept fastidiously clean and neatly organized. Filipinos maintain this state of cleanliness by wearing special "indoor" sandals (*tsinelas*) and covering anything that could be damaged by humidity and dust with plastic. Children are expected to help with the various daily cleaning chores.

Filipino homes of all sizes and fashions can generally be counted on as places of comfort and welcome to all who pass by, and as a sanctuary for the most fundamental aspect of Filipino society—the family.

GUIDED CONVERSATION

On your own: Basahin, pakinggan at unawain ang dialog sa ibaba. Isalin (translate) ito sa Ingles.

♪ May Bisita sa Bahay

Nena: Kumareng Mila, balita ko may darating kayong bisita sa Sabado.
Mila: Oo, darating ang mga kapatid ni Ben mula sa Amerika. Sa bahay sila tutuloy nang dalawang Linggo.
Nena: Tawagan mo lang ako kung kailangan mo ng tulong, mare.
Mila: Maraming Salamat, Nena, pero handang-handa na ang bahay ko sa pagdating nila.
Nena: Mabuti na lang malaki ang bahay mo. May maluwag kang sala, malaking kusina at maraming kuwarto.
Mila: Matagal na rin kaming hindi nagkita-kita, kaya parang reunion na rin ito. May salu-salo sa bahay sa Linggo nang alas dos. Imbitado rin ang mga kaibigan at kapitbahay. Sana makarating kayo ng pamilya mo.
Nena: Maaasahan mo ang pagdating naman. Magdadala ako ng buko salad at kakanin. Tawagan mo na lang ako kung kailangan mo ng tulong sa pagluluto sa Linggo.
Mila: Salamat, Nena. Kung may oras ka, pumunta ka na lang nang maaga sa Linggo.
Nena: O sige, darating ako ng alas dose.

Small group/in-class: Divide into groups and compare the individual translations. Write a final translation together. Make changes if needed. Practice the dialog and present it in class. Be creative! Feel free to add more dialog lines and characters.

Writing

On your own: Draw a picture of your dream house. Label the places and things in the different rooms. Share your picture with the class. Describe the different rooms.

Small group/in-class: Study different floor plans. Write a description of the houses. Pretend you are realtors selling these homes. Write advertisements for them.

Listening and Reading

On your own: Basahin, pakinggan, pag-aralan ang awit na "Bahay." Magsulat ng "summary translation" ng awiting ito. Go to http://www.seasite.niu.edu/Tagalog/filipino_tapestry.htm.

Bahay, by Gary Granada

Isang araw ako'y nadalaw sa bahay tambakan
Labinglimang mag-anak ang duo'y nagsiksikan
Nagtitiis sa munting barung-barong na sira-sira
Habang doon sa isang mansyon halos walang nakatira

Sa init ng tabla't karton sila doo'y nakakulong
Sa lilim ng yerong kalawang at mga sirang gulong

Pinagtagpi-tagping basurang pinatungan ng bato
Hindi ko maintindihan bakit ang tawag sa ganito
Ay bahay

Sinulat ko ang nakita ng aking mga mata
Ang kanilang kalagayan ginawan ko ng kanta
Iginuhit at isinalarawan ang naramdaman
At sinangguni ko sa mga taong marami ang alam

Isang bantog na senador ang unang nilapitan ko
At dalubhasang propesor ng malaking kolehiyo
Ang pinagpala sa mundo, ang dyaryo at ang pulpito
Lahat sila'y nagkasundo na ang tawag sa ganito
Ay bahay

Maghapo't magdamag silang kakayod, kakahig
Pagdaka'y tutukang nakaupo lang sa sahig
Sa papag na gutay-gutay, pipiliting hihimlay
Di hamak na mainam pa ang pahingahan ng mga patay

Baka naman isang araw kayo doon ay maligaw
Mahipo n'yo at marinig at maamoy at matanaw
Hindi ako nangungutya, kayo na rin ang magpasya
Sa palagay ninyo kaya, ito sa mata ng Maylikha
Ay bahay

Small group/in-class: Ilarawan ang mga sumusunod. Magsulat ng maikling tula tungkol sa mga ito.

1. Bahay sa tambakan
2. Bahay na Mansiyon
3. Basura

Writing and Speaking

On your own: What's my line? Choose an appropriate response for speaker B.

1. *A*: May darating kaming bisita mamaya.

    B: _____

2. *A*: Nasa kusina sina Tita Beng at nanay. Nagluluto sila ng pansit, adobo at kakanin para mamaya.

    B: _____

3. *A*: Marumi ang paligid sa bahay tambakan. Mahirap ang buhay. Gusto mo bang tumira doon?

    B: _____

4. *A*: Darating ang mga kabigan ko sa bahay mamaya. Baka hindi pa sila kumain.

   B: _____

Small group/in-class: As a group, talk about homes in big cities and small towns. Saan mo gustong magpatayo ng bahay? Bakit? Gaano kalaki ang gusto mong bahay?

GRAMMAR: LINKERS NA AND NG

On your own: Study and understand the use, meaning, and forms of linkers.

Form

1. *Na* appears after a word ending in any consonant except *n*. *Na* is not affixed to the word but is written as a separate word.

   Maliit na bahay – May maliit ba bahay sa bukid.
   Bahay na maliit – Maganda ang bahay na maliit.

2. *Ng* is suffixed to words ending in a vowel.

   Magandang bahay – Malinis ang magandang bahay.

3. If a word ends in *n*, *ng* replaces the final *n*.

   Gusto ko ang tahanang puno ng pagmamahal. (tahanan – home)

Meaning

Ng and *na* are both considered linkers. They link words that are related to each other as a modifier or modified word. For example, an adjective is a word that modifies a noun. A linker is used to indicate that relationship.

Use

Some common occurrences of linkers are listed below.

1. Noun + linker + noun
   Bahay na semento (concrete/cement house)
   Malaki ang bahay na semento. (The concrete house is big.)

2. Adjective + linker + noun
   Malaking na bahay/bahay na malaki (big house)
   May malaking bahay ang pamilyang Santos sa Maynila. (The Santos family has a big house in Manila.)
   May bahay na malaki ang pamilyang Santos sa Maynila. (The Santos family has a big house in Manila.)

3. Noun + linker + pronouns (and vice versa)
   Itong bahay na ito ay kanila. (This house is theirs.)
   Ito ang binili kong bahay. (This is the house I bought.)

4. Adjective + linker + verb (and vice versa)

   Mabilis na nagluto si Lola sa bahay kahapon. (Lola cooked fast in the house yesterday.)
   Naglutong mabilis si Lola sa bahay kahapon. (Lola cooked fast in the house yesterday.)
   Magaling na magbasa si Ben ng libro. (Ben reads [a book] well.)

5. Quantifier/number + linker + noun

   Maraming tao sa bahay ni Tita kahapon. ([There were] many people in Tita's house yesterday.)
   Maganda ang dalawang kuwarto sa bahay. (The two bedrooms in the house are beautiful.)

> **Learner's Tip**
> Unsure if two words need linkers? Just link them. There is a big chance they may need one.

Small group/in-class: Link the following words correctly and use them in complete sentences.

1. Isa, bahay

2. Malinis, kusina

3. Mahal, kotse

4. Kuwarto, dalawa

5. Simple, buhay

6. Makintab, sahig

7. Masarap, magluto

8. Mabilis, magtrabaho

9. Marami, halaman

10. Mahangin, paligid

ASSESSMENT

Grammar
On your own: Use each group of words to form complete sentences. Use the appropriate markers and linkers.

1. Bumili, malaki, bahay, Ben, bayan
   _____

2. May, maganda, malinis, at, sila, sa barrio
   _____

3. Naglinis, mga anak, kanila, kuwarto
   _____

4. Nagluluto, mga tita ko, maayos, maganda, kusina, naming
   _____

5. Naghugas, marumi, plato, kaldero, kutsara, tinidor, sila
   _____

Small group/in-class: Explain the grammar point regarding linkers and markers. What are the uses, forms, and meanings of linkers? Write your own rules for using them. Which grammatical discussions did you not understand?

Writing
On your own: Cut out advertisements for homes for sale or rent in the newspaper. Translate these ads into Filipino.

Small group/in-class: Create a website or brochure for a "home exchange program" between families and individuals from the Philippines and your country. Be creative!

Listening and Reading
Listen to and then read the following paragraphs.

♪ **Bahay ni Mang Ben**
Masaya si Mang Ben sa kanyang bahay sa lalawigan. Maliit ang kaniyang bahay pero malusog ang kaniyang pamilya at tahimik ang kaniyang buhay. May malaking bakuran sila kaya nagtatanim siya ng mga gulay at maraming bulaklak.

Ibang-iba naman ang pamayanan nina Tess at Nestor. Nasa lungsod ang kanilang bahay. Maganda at malaki ang kanilang bahay. May malaking kusina, sala at maraming kuwarto. Hindi malaki ang kanilang bakuran kaya bumibili na lang sila ng mga gulay sa malaking tindahan.

On your own: Sagutin ang mga tanong.

1. Saan nakatira si Mang Ben?
   _____
2. Tahimik ba ang buhay sa lalawigan?
   _____
3. Ano ang itinatanim nila sa kanilang bakuran?
   _____
4. Saan nakatira sina Tess at Nestor?
   _____
5. Malaki ba ang kusina at sala nina Tess?
   _____
6. Saan bumibili ng mga gulay ang pamilya ni Tess?
   _____
7. Marami bang kuwarto ang bahay nina Mang Ben?
   _____
8. Kaninong bahay ang may malaking sala at kusina?
   _____
9. Kaninong bahay ang mas gusto mo?
   _____

Small group/in-class: Share your answers above with your small group. Compare. Write additional comprehension questions about the short narrative.

Speaking

On your own: Create a minidialog based on the following scenarios.

1. Umuupa ka ng bahay. Nasira ang "toilet" sa banyo. Tawagan mo ang may-ari ng bahay.
2. Bibili ka ng bahay. May nakita kang bahay na may tatlong kuwarto at dalawang banyo. Kausap mo ang may-ari ng bahay.
3. May darating kang bisita. Inutusan mong maglinis ng mga kuwarto at buong bahay ang mga anak mo.

Small group/in-class: Perform a strategic interaction, a speaking approach developed by Robert Di'Pietro in 1987. Given the scenarios above, one group member portrays a character in the scenarios. Each group formulates possible dialog lines for a single group representative. Have the representative execute these lines in Filipino in an open conversation with the other groups' representatives. Dialog lines can be analytic, idealistic, pragmatic, realistic, or synthetic.

Intercultural Connection

On your own: Ano ang kabutihan ng mga bahay kubo sa Pilipinas? Mabuti ba ito sa klima sa Pilipinas? Gusto mo bang magpatayo ng ganitong bahay?

Small group/in-class: Pag-aralan ang awit na "bahay kubo." Magsulat at gumawa ng sariling kantang kagaya nito.

CULTURAL REFLECTION

How can Habitat for Humanity and other organizations help meet the basic need for shelter of millions of Filipinos in the slum areas?

ADDITIONAL ACTIVITIES

Crossword Puzzle

Solve the puzzle. Use the clues provided.

Across
- 6 neighbors
- 8 wok
- 10 living room
- 12 ceiling
- 14 flower
- 15 couch
- 17 to prepare
- 19 kitchen
- 21 chair
- 22 fork

Down

1 spoon	5 plate	16 pots
2 to sweep	7 to wash	17 to cook
3 to put things away	9 bed	18 plant
4 house made of nipa and bamboo	11 to clean	19 bedroom
	13 table	20 floor

Vocabulary: Abakada

Write items in a house that begin with the letters of the Filipino alphabet.

A _____

B _____

K _____

D _____

E _____

G _____

H _____

I _____

L _____

M _____

N _____

NG _____

O _____

P _____

R _____

S _____

T _____

U _____

W _____

Y _____

Adjectives

Describe the picture below. What are some things you might find in the house? Who lives there?

Isang Bahay sa probinsiya sa Pilipinas

_____
_____
_____
_____
_____
_____
_____
_____
_____

Answer the following questions.

1. Ano ang kulay ng bahay mo?
   _____

2. Malaki ba ang bahay ninyo?
   _____

3. Ilan ang kuwarto?
   _____

4. Sinu-sino ang kasama mo sa bahay?
   _____

5. May sala ba?

6. May kusina ba?

7. Ilan ang banyo?

8. Ilan ang telebisyon ninyo?

9. May mga halaman ba sa loob?

10. Malalaki ba ang mga bintana?

Writing and Speaking

Illustrate and describe your bedroom.

One Does Not Belong

Circle the answer to each question that does not belong.

1. Alin sa mga ito ang hindi gamit sa bahay?

    sopa, telebisyon, kama, aso

2. Alin sa mga ito ang hindi gamit sa kusina?

    kalan (stove), kaldero, plato, kama

3. Alin sa mga ito ang hindi gamit sa eskuwelahan?

    papel, lapis, bulaklak, silya, mesa

4. Alin sa mga ito ang hindi nakikita sa loob ng sinehan?

    puno, upuan, pelikula, mga tao

5. Alin sa mga ito ang hindi nakikita sa tabing dagat?

    pisara, mga tao, mga bato, mga buhangin

6. Alin sa mga ito ang hindi nakikita sa bundok?

    puno, damo, bulaklak, kisame

7. Alin sa mga ito ang hindi nakikita sa palengke?

    mga tao, pagkain, prutas, gulay, eroplano

8. Alin sa mga ito ang hindi nakikita sa opisina ng doktor?

    mesa, lapis, bus, silya

6 Pamamalengke
Going to Market

OBJECTIVES

- Use *magkano* and *gaano* in interrogative sentences.
- Use simple expressions in different market scenarios (*palengke* and *tindahan*).
- Understand the variety and intricacies of market systems in the Philippines and their cultural significance.

OPENING PHOTOS

Fruit market

Children at a sari-sari store

On your own: Study the opening photographs. Organize a list of items you might see in a farmers' market (*palengke*) and another list of things you might see in a *sari-sari* store.

Small group/in-class: Use the diagram below to describe each location. Share with others the differences and similarities between a *palengke*, a *sari-sari* store, and a grocery store. Use the following questions as a guide in a conversation.

1. Ilarawan ang palengke sa Pilipinas. Anu-ano ang mga paninda ng mga tindero at tindera sa palengke?
2. Ano ang pinagka-iba ng hinog at hilaw ng prutas?
3. Mahirap ba ang buhay ng isang tindero/tindera?
4. Paano tinitimbang ang mga bilihing prutas at gulay?

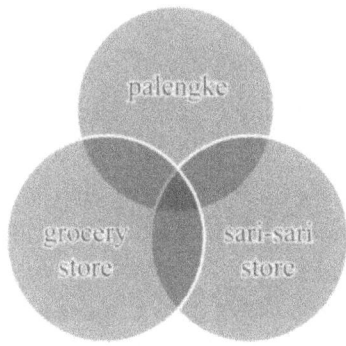

♪ **Glossary**

Magkano dito?/Magkano ito? – How much here?/How much is this?
Wala na bang tawad? – No more discount?
Magkano ang isang dosena? – How much is a dozen?
May dagdag ba kung bibili ako ng isang daang piso? – Will you add extra (quantity) if I buy a hundred pesos worth (of this)?
Sariwa ba ito? – Is this fresh?
Baka naman hindi na ito sariwa? – This might not be fresh anymore, huh?
Heto ang bayad ko. – Here is my fare.
May panukli ka ba sa isang daang piso? – Do you have change for one hundred pesos?
Paki-timbang naman ang mga ito. – Please weigh these items.

Magkano ang isang kilo ng mangga? – How much is a kilo of mangoes?
Magkano ang isang kilong manok? – How much is a kilo of chicken?
Magkano ang isang dosenang itlog? – How much is a dozen eggs?
Pahingi naman ng supot. – Please give me a bag.
Pakibalot naman ang isda. – Please wrap the fish.
Pakilagay naman sa plastic ang manok. – Please put the chicken in a plastic (bag).
Pakilagay naman ang mga gulay sa plastic. – Please put the vegetables in a plastic (bag).
Pakilagay naman sa bote ang mantika. – Please put the oil in the bottle.

CULTURAL NOTE

The Philippine *palengke* or open market is usually the central hub of activity in any community. These native bazaars offer a richly diverse atmosphere where individuals can meet, exchange goods, and utilize various services. Depending on the size of the community, these markets can range from small assemblies of a couple of dozen sellers to a massive market complexes consisting of multiple buildings, thousands of shops, and tens of thousands of traders, such as Divisoria in Manila.

Typically divided into sections, one can usually find fruits, vegetables, meat, fish, clothes, shoes, electronics, DVDs, hardware, kitchen appliances, cooked food, and even fireworks and regional antiques at many markets. The *palengke* also offers a variety of services. Market peripheries are often teeming with small shops offering shoe repair, tailoring, haircuts, and currency exchange.

It is quite common for vendors at these markets to shout encouraging summons and facts about their products as they compete for buyers. When going to the *palengke* one is usually bombarded with a continuous flurry of invitations such as *Bili po kayo*! (Please buy!), *Hali kayo*! (Come here!), and *Ano po ang hinahanap nyo'?* (What are you looking for?), as well as statements concerning product quality and affordability such as *sariwa* (fresh), *maganda* (good quality), and *mura* (cheap).

As an example of the free market system at its purest, the price of virtually every item is negotiable. *Tawad*, the art of bargaining, is one of the most fundamental aspects of market activity at the *palengke*. Although the prices of fruits, vegetables, meat, fish, rice, and currency exchange are often posted on signs, patrons rarely accept them as absolutes and always ask for a better deal. When purchasing items such as clothes, shoes, and hardware, for example, buyers will often spend a moment critically examining the items and then ask in a relatively disinterested tone, *Makano*? (How much?). The vendor will usually quote a high price, and a battle of negotiated offers will ensue. When offering prospective prices, each participant will add a rationale for the suggested value. Vendors will often extol the virtues of their products, claiming that such an item is actually worth a great deal more than what they are selling it for, while pointing out its outstanding features. Some sellers will also appeal to a buyer's sympathies, asking for some consideration (*awa*) if they have had a slow day or are facing significant expenses. Shoppers, on the other hand, will often point out the imperfections and inadequacies of a product to bring down the price. Like vendors, buyers can also attempt to engage a seller's sympathies by recounting financial hardships or expounding on budget constraints. In the end, however, either the negotiators will settle on an agreeable price or the buyer will search elsewhere for a more acceptable deal. In some cases, if a person patronizes a particular business repeatedly and builds a rapport with the owners, they become known as *suki*. *Suki* are often given favorable prices, access to high-quality products, and lines of credit due to their reliable patronage.

Although it is a frenzy of competition and intense negotiation, the *palengke* provides Filipino communities with a site for cultural and economic interaction and the opportunity to contribute their time and talents in a productive manner.

GUIDED CONVERSATION

On your own: Read, listen to, and study the dialog below. Practice reading the lines on your own. Replace the food items and prices with new ones. Imagine the *sari-sari* store setting. Does this remind you of locally owned stores in small towns?

♪ **Sa Sari-Sari Store**

Aling Berta: Pabili nga ng mantika. Bente pesos. Tingi lang mare.
Aling Carmen: Berta, bakit tingi lang ang bibilhin mo?
Aling Berta: Mahina kasi ang labada ngayon, Carmen.
Aling Carmen: Alam mo ba na mas makakatipid ka kung isang buong lata ng Minola ang kukunin mo?
Aling Berta: Sa paanong paraan?
Aling Carmen: Ganito kasi iyan. Nabasa ko sa peryodiko na tataas ang presyo ng krudo sa makalawa. Kaya bago pa umakyat ang presyo ng bilihin, samantalahin mo na ang pagkakataon na mababa pa ang presyo ng langis.
Aling Berta: Ano ang kinalaman ng presyo sa bilihin?
Aling Carmen: Presyo ang isinasaalang-alang sa ekonomiya ng suplay at demand. Kapag mataas ang presyo, bababa ang demand. Kapag mababa naman ang presyo, natural na marami ang demand.
Aling Berta: Carmen, hindi ko alam na magaling ka pala sa ekonomiya! O sige, isang lata ng mantika nga.
Aling Carmen: Dapat nobenta yan pero dahil suki kita, otsenta na lang.

Small group/in-class: Study the dialog lines with a partner. Have each pair present the dialog in class by simulating a *sari-sari* store using pictures and plastic food materials. Have pairs or small groups formulate their own dialogs using patterns similar to those of the model dialog.

Glossary

bente pesos – twenty pesos	umakyat – went up
nobenta – ninety	samantalahin – take advantage of
otsenta – eighty	bababa – will go down
suki – regular customer	pagkakataon – opportunity
buong lata – whole can	isinasaalang-alang – to consider
tingi – small portion	makakatipid ka – you will save
bibilhin – will buy	Sa paanong paraan? – In what way?
kukunin – will get	kinalaman – something to do with it

GRAMMAR: GAANO, MAGKANO, AND BA QUESTIONS

On your own: Study the following grammatical structures. Write your own sentences, applying each structure.

Meaning

    Gaano? – How + adjective/adverb?
    Magkano? – How much?
    Ba marker? – Yes or no question marker

Form

    Gaano / ka + adjective/adverb / ang phrase
    Magkano / ang phrase?
    Adjective/noun / ba / ang phrase?

To ask questions:

    Sariwa ba ang mga gulay?
    Hinog na ba ang mga prutas?
    May karne ba sa palengke?
    Magkano ang isang kilong karne?
    Gaano karami ang isang kilong lansones?

To respond:

    Oo, sariwa ang mga gulay.
    Hindi, hindi sariwa ang mga gulay.

    Oo, hinog na ang mga prutas.
    Hindi, hindi pa hinog ang mga prutas.

    Oo, may karne sa palengke.
    Wala, walang karne sa palengke.

Small group/in-class: Use the following list of words and phrases to apply the structures and formulate sentences.

    kahinog – how ripe
    kasariwa – how fresh
    karami – how many
    kasarap – how delicious

    mga gulay at mga prutas – fruits and vegetables
    mga karne – meat
    mga delata – canned goods
    mga isda – fish
    sukli – change (money)
    tindera – female vendor
    tindero – male vendor
    maraming tao – many people
    maingay – noisy
    mainit – hot
    tawad – discount

Fruit market

Writing

On your own: Look at the following list of food items and prices. Write interrogative and imperative sentences using the price information.

sardinas – P5.50
pandesal – P1.50/piece
mantika – P8.50/bottle
bagoong – P10.00/jar
kape – P5.50/jar

karne ng manok – P100.00/kilogram
isda – P50.00/kilogram
karne ng baka – P175.00/kilogram

mangga – P55.00/kilogram
saging – P25.00/kilogram
lansones – P75.00/kilogram
sitaw – P12.50/bundle
talong – P15.50/bundle
kamatis – P10.00/pack

Small group/in-class: Simulate a small *sari-sari* store. Have each group label small cards with food and nonfood items and a given price for each. Have each group write short dialogs. Act out these dialogs in class.

♪ Glossary

sardinas – sardines
pandesal – a type of sweet bread
mantika – cooking oil
bagoong – fermented fish
kape – coffee
karne ng manok – chicken meat
isda – fish
karne ng baka – beef

mangga – mango
saging – banana
lansones – a type of tropical fruit
sitaw – long/string beans
talong – eggplant
kamatis – tomato

kilo – kilogram
bawat – every (piece)

hinog – ripe
sariwa – fresh
marami – many
mabango – smells good

suka – vinegar
toyo – soy sauce
patis – fish sauce
paminta – black pepper
bawang – garlic

Listening and Reading

On your own: Read the short narrative below.

> Walang toyo at suka sina Mila sa bahay. Gusto niyang magluto ng adobo at sinigang sa hapunan. Pumunta siya sa tindahan para bumili ng suka at toyo. Bumili rin siya ng paminta at bawang.

Answer the following comprehension questions.

1. Ano ang gustong lutuin ni Mila para sa hapunan?
2. Bakit pumunta si Mila sa tindahan?
3. Ano pa ang binili niya sa tindahan?

Small group/in-class: Read and listen to the short narrative below as a group. Write a short summary and formulate your own questions. End the task by asking other students your questions and having them respond orally.

♪ Sa Palengke

Sa palengke, maraming mga tao ang makikilala. May mga tindero at tindera ng mga gulay, karne, delata, damit, isda, tinapay, mantika, bagoong, at mga prutas. Maraming taong tumatawad dito at doon. May mga taong nakikipagkuwentuhan, nagtatanong kung magkano, kung sariwa ang gulay o hinog ang prutas.

Sina Mang Ben at Aling Mila ay dalawa sa mga masisipag na tindero at tindera. Nagtitinda sila ng mga sariwang gulay at mga matatamis na prutas. Ito ang kanilang kabuhayan. Sikap at tiyaga ang kanilang gabay sa pagtitinda. Ayon sa kanila, kung may tiyaga, may ginhawa.

Sa mga taong namamalengke araw-araw, alam nilang sa palengke lamang mabibili ang mga sariwa at murang sangkap. Hindi bale nang mainit ang paligid, nakakatawad ka naman at nakikita mo pa ang iyong mga kaibigan.

♪ Glossary

adobo – a dish consisting of meat cooked in soy sauce, vinegar, and garlic
bawang – garlic
paminta – black pepper
sinigang – a dish consisting of meat or fish cooked in sour soup
wala – the absence of something
gusto – like/want

pumunta – go
magluto – to cook
bumili – to buy

makikilala – get to know
tumatawad – bargaining
nakikipagkuwentuhan – telling stories
masisipag – hardworking
nagtitinda – selling
kabuhayan – employment / livelihood
gabay – guide
tiyaga – hardwork
ginhawa – easier life
namamalengke – shopping in the *palengke*
sangkap – ingredients (for food)
paligid – surroundings
mga kaibigan – friends

ASSESSMENT

Grammar

On your own: Write questions using *gaano*, *magkano*, or *ba* in conjunction with the statements below.

1. Dalawang kilong karne ang binili ni nanay sa palengke.

2. Dalawampung piso bawat kilo ang lansones.

3. Maraming sariwang gulay sa palengke ngayon.

4. May tindera sa tindahan tuwing linggo.

5. Malaki ang bangus at tilapia sa palengke.

Small group/in-class: Imagine visiting a palengke in the Philippines. Make a list of the items, people, and scenes you might encounter. Then write a short narrative using the words on your list.

Speaking

On your own: Write dialog lines appropriate for the following situations.

1. Sa bahay nag-uusap ang nanay at ang katulong tungkol sa pamamalengke at sa mga kailangang pagkain at gamit sa pagluluto.
2. Pag-uusap ng tindero/tindera at ang isang namimili tungkol sa presyo.

Small group/in-class: Simulate a small *palengke*. Assign the roles of tindero, tindera, and consumers. Have the whole class walk around the classroom selling, buying, and bartering.

Listening and Reading

On your own: Read and listen to the lyrics of the song below. Go to http://www.seasite.niu.edu/Tagalog/filipino_tapestry.htm.

Tindahan ni Aling Nena, by Eraserheads

Isang araw . . .
Pumunta ako sa tindahan ni aling nena
Para bumili ng suka
Pagbayad ko aking nakita

Isang dalagang nakadungaw sa bintana
Natulala ako laglag ang puso ko
Nalaglag rin ang sukang hawak ko
Napasigaw si Aling Nena
Ako naman ay parang nakuryenteng pusa
Ngunit natanggal ang hiya nang nakita ko na
Nakatawa ang dalaga
Panay ang "sorry ho"
Sa pagmamadali nakalimutan pa ang sukli ko
Pagdating sa bahay nagalit si nanay
Pero oks lang ako ay in-lab nang tunay

Tindahan ni Aling Nena
Parang isang kuwentong pampelikula
Mura na at sari-sari pa ang itinitinda
Pero ang tanging nais ko ay 'di nabibili ng pera
Pumunta ako sa tindahan kinabukasan
Para makipagkilala
Ngunit sabi ni Aling Nena
Habang maaga'y huwag na raw akong umasa
Anak niya'y aalis na papuntang Canada
Tatlong araw na lang ay babye na.

Hindi mapigil ang damdamin
Ako'y nagmakaawang ipakilala
Payag daw siya kung araw-araw

Ay meron akong binibili sa tinda niya
Ako'y pumayag at pinakilala niya
Sa kanyang kaisa-isang dalaga
Ngunit nang makilala siya'y tumalikod na
At iniwan akong nakatanga

Tindahan ni Aling Nena
Dito nauubos ang aking pera
Araw-araw ay naghihintay
O Aling Nena, plis naman, maawa ka-ahh
Alam ninyo'ng nangyari?
Wala—ahh wala—ahh
Oh diyos ko!

Answer the following comprehension questions.

1. Masaya ba o malungkot ang kanta? Bakit?
2. Kanino ang tindahan?
3. Sino ang pumunta sa tindahan?
4. Ano ang planong bilhin ng taong pumunta sa tindahan?
5. Sino ang nakadungaw sa bintana?
6. Ano ang nalaglag?
7. Ano ang nakalimutan?
8. Bakit bumalik ang mama sa tindahan?
9. Saan pupunta ang dalagang amak ni Aling Nena?
10. Kung ikaw ang mama, gagawin mo ang ginawa niya?

Small group/in-class: Describe Aling Nena's *sari-sari* store. What is the theme of the song? Write about it using the words and grammar concepts you know.

Intercultural Connection

On your own: Compare and contrast buying at a *palengke* and in a *sari-sari* store. Write down the advantages and disadvantages of these shopping places.

	Advantages	Disadvantages
Sa palengke		
Sa sari-sari store		

Small group/in-class: Introduce *balagtasan* (a form of intellectual debate) to the class. Divide the class into two groups (one for the *palengke* and one for the *sari-sari* store). Have the students discuss in their groups the disadvantages and advantages of these as places to shop. Conduct a small *balagtasan* in class.

CULTURAL REFLECTION

If you lived in the Philippines, would you go to a *palengke* to do your weekly grocery shopping? Would you rather shop at a typical American-style grocery store? Why or why not?

ADDITIONAL ACTIVITIES

Crossword Puzzle
Solve the puzzle. Use the clues provided.

Across
1 bottle
4 add extra
6 please put

7 how much
9 payment

10 change (money)
11 please weigh

Down
2 discount
3 fresh

4 dozen
5 foul smell

6 please wrap
8 please give me _____

88 Filipino Tapestry

More Vocabulary

What types of things would you buy at the following places?

1. Mall of Asia

2. Palengke

3. Filipino Store sa Amerika

4. Talipapa

Grammar

Write *ba* questions appropriate for the answers provided below.

1. Pumunta si Mila sa palengke noong Sabado.

2. Bumili siya ng mga damit sa Mall para sa Tag-init.

3. Mahal ang mga bilihin sa Mall of Asia.

4. Maraming tao sa talipapa kahapon.

5. Nasa tindahan ang nanay at kuya tuwing umaga.

6. Magtitinda ako ng mga sapatos at tsinelas sa pista.

7. May salu-salo sa bahay ni Lolo bukas ng gabi.

8. Kailangan ng mga bata ang bagong damit.

9. Sariwa ang mga gulay at prutas sa palengke sa umaga.

___

10. Mura ang mga isda at hipon sa Unimart tuwing Huwebes.

___

Writing and Q&A

List the possible prices of and places where you might buy the items below.

Mga bilihin	Magkano ang mga ito?	Saan mo mabibili ang mga ito?
Isda at hipon		
Papaya at mansanas		
Itlog at tinapay		
Kamiseta at pantalon		
Sabon sa katawan at shampoo		
Toyo at suka		
Mantika at gatas		
Dyus at Coke		
Sapatos at tsinelas		
Kuwintas at singsing		
Kendi at tsokolate		
Lapis at papel		
Kumot at unan		
Upuan at mesa		

Dialog
Write a dialog between the subjects pictured below.

Children at a sari-sari store

Pamamalengke

7 Pagkain
Food

OBJECTIVES

- Use the object focus verbs (*i*, *in/hin*, and *an/han*) in simple sentences.
- Use appropriate expressions that pertain to eating, cooking, and food.
- Describe the differences between Filipino foods and cooking and those of other cultures.
- Identify the common ingredients and actions in preparing Filipino food.

OPENING PHOTO

Filipino food

On your own: Study the photograph above. Compare *almusal*, *tanghalian*, and *hapunan* (breakfast, lunch, and dinner) in your country and the Philippines.

	Almusal	Tanghalian	Hapunan
Sa Pilipinas			
Sa Amerika			

Small group/in-class: Divide into small groups and pick a region of the Philippines (Luzon, Visayas, or Mindanao). Research the different foods of each region. Simulate a travelogue. Talk about the food culture of each region, including its main delicacies. Have fun and enjoy!

♪ **Glossary**

Mga gamit sa kusina – Things in the kitchen
kalan – stove
kaldero/kawali – pans
mangkok – bowl
palayok – wok
kutsilyo – knife
plato – plate
baso – cup/glass

Mga pagkain – Food items
itlog – egg
gatas – milk
dyus – juice
kanin – cooked rice
sinangag – fried rice
torta – omelet
tinapay – bread
kape – coffee
isda – fish
bagoong – fermented fish
toyo – soy sauce
patis – fish sauce
asukal – sugar
asin – salt
paminta – black pepper
mantika – cooking oil
karne ng baka – beef
karne ng baboy – pork
manok – chicken

Mga gulay – Vegetables
talong – eggplant
kamatis – tomato
bitsuwelas – green beans
sitaw – long/string beans
ampalaya – bitter melon

repolyo – cabbage
karot – carrot
bawang – garlic
sibuyas – onion
patatas – potato
ube – purple yam

Mga prutas – Fruits
mansanas – apple
kalamansi – small lime
pinya – pineapple
papaya – papaya
saging – banana

Mga ulam – Dishes
adobo – a dish consisting of meat cooked in soy sauce, vinegar, and garlic
tuyo – dried fish
sopas – soup
aroskaldo – chicken, garlic, and rice soup
pinakbet – vegetables cooked in tomatoes and fermented fish
pansit – noodles
apritada – meat cooked in tomatoes
kare-kare – meat cooked in peanut sauce
pritong isda – fried fish
chopsuey – stir-fried vegetables

Mga panghimagas – Desserts
halo-halo – crushed ice with cooked sweetened fruits and beans topped with purple yam or leche flan or ice cream
bibingka – rice cake
leche flan – egg and milk custard
sorbetes – ice cream

kumain – to eat
magluto – to cook
maghanda – to prepare
bumili – to buy
maghiwa/hiwain – slice or cut into pieces
maglaga/ilaga – boil

pitpitin – crush
mag-gisa/igisa – sauté
magprito – to fry
magtadtad/tadtarin – mince/chop
maghugas – to wash

Learner's Tip
For an additional glossary of Filipino food and cuisine, visit http://www.seasite.niu.edu/Tagalog/filipino_food_glossary.htm.

CULTURAL NOTE

Food is perhaps one of the greatest expressions of Filipino culture. For Filipinos, eating is essentially a social activity. The preparation, presentation, and consumption of meals and snacks (*mirienda*) involve an intimate network of social interactions and cultural codes. Significant events such as weddings, graduations, births, baptisms, birthdays, funerals, and holidays are usually accompanied by sumptuous banquets consisting of particular dishes appropriate for the occasion. Even something as simple as landing a new job or receiving a first paycheck elicits requests for a "blowout," taking one's friends and family out to eat.

As the "Pearl of the Orient," the Philippines has historically been a crossroads for various world cultures. This historical heterogeneity is manifested in Filipino food. Influences from India, China, the Malay world, Spain, and the United States are all evident in dishes such as *cari cari, pancit bihon, pancit canton, caldareta, arroz caldo, afritada,* and *bistek*. There is also a great tradition of indigenous regional dishes such as *sinigang, tinola, pinekbet,* and *letson baboy*. Although there is great variety in these foods, most Filipino kitchens contain a basic collection of ingredients common to many entrées. Garlic (*bawang*), ginger (*luya*), onions (*sibuyas*), soy sauce (*toyo*), sugarcane vinegar (*suka*), and in many regions chilies (*sili*) provide the basic seasonings for most Filipino *ulam*, cooked foods to be eaten with rice. With the exception of pork in Muslim regions, chicken (*manok*), pig (*baboy*), and fish (*isda*) are staple meats. Beef (*carneng baka*) is also consumed but in smaller quantities since beef cattle don't thrive well in tropical climates and much of the meat is imported.

Fruits and vegetables also comprise a large part of the Filipino diet. Enormous varieties of tropical fruits abound in the islands. The most famous of these is the Philippine mango (*manga*). Vegetables such as potatoes (*patatas*), cassava (*camote*), tomatoes (*camatis*), string beans (*sitaw*), eggplant (*talong*), bok choy (*petsay*), and many others are eaten daily in a variety of *ulam*.

Rice, as the great staple, is essential to almost all Filipino meals. Consumed morning, noon, and night, rice represents the foundation of the Filipino diet and is usually required if diners are to have a sense of fullness after eating. Deprived of this grain for very long, Filipinos will often complain of weakness, weight loss, and irritability. Due to its paramount importance, Filipino employs three different terms for rice depending on its particular state. Rice in the field is known as *palay* and is grown in small paddies called *palayan*. Once the rice is harvested, milled, and dried, it becomes *bigas*. After it is at last cooked and ready for consumption, Filipino speakers refer to it as *canin*.

Although many Philippine islands are known for their more exotic foods—*balut* (fermented duck eggs), *bagoong* (fermented fish paste), and *adidas* (barbecued chicken feet), for example—Filipino cuisine actually consists of a rich variety of multicultural dishes consumed in an atmosphere of hospitality and gladness.

GUIDED CONVERSATION

On your own: Read, listen to, and study the dialog below. Practice reading the lines on your own. Replace some of the words with related ones. Imagine you are part of the family. What other lines would you include in the dialog?

♪ **Nanay at mga Anak**
Nanay: Kumain na tayo! Huwag kalimutang maghugas ng kamay.
Mga Anak: Ano po ang ulam natin?
Nanay: Nagprito ako ng isda at nagluto ako ng pinakbet.
Mga Anak: Hmmm. Masarap.
Nanay: Ben, hiwain mo nga ang mga kamatis para sa isda.
Ben: Opo, nanay.

Small group/in-class: Formulate minidialogs based on the following scenarios.

1. Nagluluto ang nanay at anak na babae sa kusina
2. Pumunta ang tatay sa palengke para bumili ng sangkap para sa adobo
3. Nagluluto ng pansit si Tita Beng kasama ang mga kaibigan mo

GRAMMAR: OBJECT FOCUS VERBS AND I, IN, AND AN AFFIXES

On your own: Study the affixes below. Write down your strategy for remembering the use of each one.

Meaning
Object focus affixes indicate that the topic of the sentence is not the actor but the object of the sentence. The objects of the sentence are marked with *si* or *ang* or the use of *ang* pronouns (for persons). The doer of the action is marked with *ni* or *ng* or the use of *ng* pronouns.

Form
Object focus verbs are affixed to the verb roots. *An* is attached at the end of the root. *I* is attached at the beginning of the root. *In* is attached before the first vowel of the root.

1. *An* (object focus) typically denotes actions affecting the surface appearance of the goal but not causing a change in its structure.

Buksan (to open something) – binuksan, binubuksan, bubuksan
Hugasan (to wash something) – hinugasan, hinuhugasan, huhugasan

An (directional focus) denotes movement toward a goal.

Dalhan (to bring something to someone) – dinalhan, dinadalhan, dadalhan
Puntahan (to go to someone) – pinuntahan, pinupuntahan, pupuntahan
Upuan (to sit on something) – inupuan, inuupuan, uupuan

An denotes action typically involving a human goal.

Ngitian (to smile at someone) – nginitian, nginingitian, ngingitian
Tulungan (to help someone) – tinulungan, tinutulungan, tutulungan

2. *I* (object focus) denotes action affecting the position of the goal but not causing change. Often the object is moving from one place to another. These object focus verbs correspond to *mag* verbs.

Itapon (to throw something) – itinapon, itinatapon, itatapon
Iuwi (to take something home) – iniuwi, iniuuwi, iuuwi

3. *In* (object focus) denotes actions radically affecting the goal such as those causing in change in its structure.

Gawin (to do something) – ginawa, ginagawa, gagawin
Tapusin (to finish something) – tinapos, tinatapos, tatapusin

Small group/in-class: Conjugate the following verbs in any aspect and use them in simple verbal sentences.

1. hiwa
2. tadtad
3. prito
4. gisa
5. pukpok
6. laga
7. luto
8. handa
9. bili
10. ihaw

Note: Verbal sentence = object focus verbs + actor (*ni*, *ng* phrase) + object (*ang* phrase) / *sa* phrase / time indicator

Learner's Tip
Still confused about object focus verbs? Use the *i* affix if the object is moving away from you. Use the *in* affix if you are changing the look of the object. If you are not changing the structure but simply performing the action on the object, use the *an* affix.

Small group/in-class: Make a list of verbs. Use these verbs with their correct affixes and in any aspect. Write your own rules and explain this to another person. Give examples if needed.

Listening and Speaking

On your own: Pick a food category such as *gulay* (vegetables), *prutas* (fruits), *panlasa* (condiments), or *karne at mga pagkain pandagat* (meat and seafood). Write the names of food items that belong in the category on an index card. Read these words to a partner.

Small group/in-class: Play "Trade Your Card." Divide half the class into groups and pick a Filipino recipe. Have the other half write food items on cards and display them as if at a market (*palengke*). Students should shop for the ingredients written on their recipe cards. Sellers and buyers should call out their items. This is a noisy activity. Listen for the food items you need and be ready to trade.

Writing

On your own: Make a list of fruits, vegetables, meats, and condiments you would like to combine in a recipe. Describe these food items. Write down what you would do with them.

Food items	Description	What Can You Do
asin	maalat	ihalo sa karne

Small group/in-class: Compile a list of food items in a group. Use this list to create a group recipe. Be creative. You may try this recipe at home and report back to the class. Bring a sample if you can.

Reading

Read the short essay below. Write a short summary of this essay and share it with another student.

Mga Pagkain sa Iba't-ibang probinisya sa Pilipinas

Sa Maynila. Bistek Tagalog ang isa sa mga paboritong ulam ng mga Pilipino sa Maynila. Nahiwang karne ng baka, toyo, kalamansi, sibuyas at bawang ang mga sangkap nito. Puwede itong kainin sa almusal, tanghalian at hapunan.

Sa Ilokos. Pinakbet ang paboritong niluluto ng mga Pilipino sa Ilokos. Maraming sangkap ang ulam na ito. May talong, sitaw, kamatis, kalabasa, okra, kaunting karne, at bawang. Para maalat ang lasa, nilalagyan ito ng bagoong at kung minsan asin. Para sa mga tao sa Ilokos, pinakbet ang pinakamasarap ng ulam sa Pilipinas.

Sa Bicol. Para sa mga taga Bikol, pagkaing may gata naman ang kanilang nakasanayan. Ang mga ulam na may gata ay may mga sangkap na karne, bawang, sibuyas, gulay kagaya ng sitaw, kalabasa, at ang pinakamahalaga ang gata ng niyog. Dinadagdagan din ito ng siling labuyo para mas masarap ang lasa.

On your own: Answer the following comprehension questions.

1. Ano ang mga sangkap ng Bistek?
2. May toyo ba ang Bistek Tagalog?
3. Anu-ano ang mga sangkap ng Pinakbet?
4. May toyo din ba ang Pinakbet?
5. May bawang ba ang Pinakbet?
6. May bagoong ba ang Pinakbet?
7. Ano ang gata?
8. Ano ang "sili" sa Ingles?
9. Maanghang ba ang mga lutong gata?
10. Ilarawan ang pagkaing Pilipino?

Small group/in-class: Research the following provinces and cities. Find out about their cuisines and cultures. As a group create a poster or PowerPoint presentation and present it in class.

Group 1 – Bacolod or Iloilo
Group 2 – Cagayan de Oro
Group 3 – Batangas
Group 4 – Banawe
Group 5 – Antipolo

ASSESSMENT

Grammar

Study the sample sentences below.

Gusto kong iprito ang manok para sa hapunan.
Gusto ko ng pritong manok.
Ayaw kong kumain ng baboy kasi mataba.
Ayaw ko ng baboy.

On your own: Study the table below. Ano ang gusto mo o ayaw mong gawin sa mga ito?

Luya	
Malunggay	
Hipon	
Ampalaya	
Bawang	

Small group/in-class: Create a similar table below and make a list of new words related to the theme. Use your dictionary. Use the words in complete sentences.

Nouns	Adjectives	Verbs	Others

Speaking

On your own: Add phrases or words to complete the following lines. Formulate questions associated with the completed sentences. Speak with a partner and listen to each other's additions and questions.

1. _____ ang sibuyas at igisa.

2. Pitpitin mo ang _____.

3. Haluin ang _____ at _____.

4. Ilaga ang _____.

5. Idagdag ang _____ sa karne.

Small group/in-class: You are to prepare a meal for a family of five. Simulate preparing this meal. Decide as a group what to serve and how to prepare it. All recipes are acceptable. Present this simulation creatively in class in the form of a cooking show.

Listening and Writing

On your own: Watch a demonstration of Filipino cooking. Go to http://www.seasite.niu.edu/Tagalog/filipino_tapestry.htm. Make a list of foods, kitchen items, and words you can identify. Listen for any dialog lines and write them down.

Small group/in-class: Share with your group your list of words and dialog lines. Compare. Write your own simple, short script of that particular scene. Would you change the scene? What would you add?

Writing

On your own: Write a friend a short e-mail about your recent Filipino food experience. Describe the foods you like and dislike.

Small group/in-class: Create a small newspaper about dining and other related themes. Be creative. Use drawings or picture cutouts. Share this with the rest of the class.

Reading

Read and listen to the following narrative.

♪ **Ulam, gulay, kanin at Iba pa!**

Galing sa palengke si Nanay. Bumili siya ng maraming gulay at prutas. May sitaw, kamatis, bawang, patatas, kalabasa, talbos ng kamote, pinya, sibuyas, bawang, papaya at marami pang iba. Bumili rin siya ng limang kilong karne na baboy at manok, apat na kilong isdang bangus.

Darating ang mga lolo at lola at mga kaibigan ng pamilya. Magluluto si nanay ng adobong manok na may gulay. Ilalaga rin niya ang karne ng baboy. Ipriprito niya ang bangus. Magluluto rin siya ng pinakbet na may talbos ng kamote. Kung may panahon, mag-iihaw din si tatay ng isda at karne ng baboy. Para sa panghimagas, gagawa si ate ng "fruit salad" at lalagyan niya ito ng yelo. Masarap na naman ang hapunan ng pamilya. Siguradong masaya ang lahat sa pagkaing ihahain ni nanay.

On your own: Answer the following questions about the narrative.

1. Anu-ano ang binili ni nanay sa palengke?

2. Bumili ba siya ng karne ng baka?

3. Ano ang gagawin ni nanay sa bangus?

4. Mag-iihaw din ba si tatay?

5. Ano ang panghimagas ng pamilya?

6. Sino ang gagawa ng panghimagas?

   _____

7. Ano ang plano ni nanay sa mga gulay?

   _____

8. Magluluto rin ba siya ng kanin?

   _____

9. Sino ang darating na bisita?

   _____

10. Masaya ba ang pamilya?

    _____

Small group/in-class: Read the narrative again. Write a short dialog that might occur in the text. Create a five-scene cartoon or comic strip based on your written dialog.

Intercultural Connection

On your own: Interview a Filipino student and ask about his or her experiences with Filipino food. Write down the responses and share them with the class.

Small group/in-class: Create an advertisement for the following foods and dining places. Be creative!

1. Adobo
2. Pansit bihon
3. Apritada
4. Barrio Fiesta Restaurant
5. Sea Front (a seafood restaurant)

CULTURAL REFLECTION

Food is a reflection of culture. Why do you think most Filipino dishes are cooked with salt, soy sauce, garlic, and vinegar? Is this necessary and desirable in a tropical climate?

ADDITIONAL ACTIVITIES

Crossword Puzzle

Solve the puzzle. Use the clues provided.

Across
- 1 eggplant
- 4 stove
- 7 fruit
- 8 black pepper
- 10 fermented fish
- 12 salt
- 13 onion
- 14 long green beans
- 15 garlic
- 17 fried rice
- 18 main dish
- 20 ice cream
- 21 dried fish
- 23 coffee

Down
- 1 bread
- 2 cooked rice
- 3 juice
- 5 chicken
- 6 tomato
- 9 cooking oil
- 11 small lime
- 16 vegetable
- 19 fish
- 22 purple yam

Reading

Read the following recipe for cooking adobo.

Mga Sangkap

2 librang karne, hiniwa at may asin at paminta ayon sa lasa
1 ulo ng bawang, pinukpok
1 kutsaritang itim na paminta
1/2 tasang suka at toyo
1/2 dahon ng laurel
mantika

Paraan ng Pagluluto ng Adobo

1. Hiwain ng maliliit ang karne.
2. Pukpukin ang bawang.
3. Ilagay ang manok, paminta, bawang at asin sa kaldero. Haluin ito.
4. Idagdag ang laurel, toyo at suka.
5. Lutuin ng kalahating oras.

Answer the questions below.

1. Anu-ano ang mga sangkap ng adobo?
   _____

2. Ilang tasang toyo at suka ang kailangan sa adobo?
   _____

3. Kailan idadagdag ang laurel?
   _____

4. Gaano katagal lutuin ang adobo?
   _____

5. Ano ang gagawin sa bawang?
   _____

Grammar

Conjugate the verbs listed below.

Root	Command Form	Past	Present	Future
Sauli				
Inom				
Gawa				
Punas				
Laba				
Luto				
Bili				
Tapon				
Halo				
Pitpit				
Dala				
Gamit				
Abot				
Hingi				
Dilig				

Cross out the word that does not belong in the group.

almusal, sinangag, itlog, tuyo, dyus, sorbestes

adobo, menudo, sinigang, pritong isda, halu-halo

pitpitin, haluin, talupan, hugasan, walisin

kakanin, puto, bibingka, menudo

kape, tsaa, dyus, tubig, tinapay

saging, mansanas, papaya, itlog

asin, paminta, toyo, suka, kutsara

Writing

How would you cook the vegetables pictured below? Write the ingredients and recipe in the space provided.

Mga gulay

Anu-ano ang mga sangkap? (What are the ingredients?)
_____
_____
_____

Paano mo lulutuin? (How are you cooking it?)
_____
_____
_____

Sentence Structure

Use the following words to form a request and a command. Write the command in negative form if *huwag* is included in the list of words.

Example:
  Nouns: kape, asukal, mesa
  Pronoun: mo
  Verb: kuha
  Request: Pakikuha mo nga ang kape at asukal sa mesa.
  Command: Kunin mo ang kape at asukal sa mesa.

  1. Nouns: itlog, isda, almusal
     Pronoun: ninyo
     Verb: luto

  Request: _____

  Command: _____

2. Noun: dyus
   Pronoun: ninyo
   Verbs: huwag, inom

   Request: _____

   Command: _____

3. Nouns: sapatos, damit
   Pronouns: mo, kanila
   Verb: bili

   Request: _____

   Command: _____

4. Nouns: pinto, bintana
   Pronoun: ninyo
   Verb: bukas

   Request: _____

   Command: _____

5. Nouns: ensalada, ulam, kusina
   Pronoun: mo
   Verb: kuha

   Request: _____

   Command: _____

6. Nouns: libro, papel, tindahan
   Pronouns: mo, kaniya
   Verb: bili, bigay

   Request: _____

   Command: _____

7. Nouns: mantekilya, keso, tinapay
   Pronouns: mo
   Verbs: lagay

   Request: _____

   Command: _____

8 Salu-salo
Parties

OBJECTIVES

- Name the months of the year, the days of the week, and some holidays in Filipino.
- Use *mag* verbs in their completed, incompleted, and contemplated aspects.
- Understand the importance of social gatherings in Filipino culture.

OPENING PHOTOS

Party

Party food

107

On your own: Make a list of activities you do when you get together with friends and family.

Kaibigan	Pamilya

Small group/in-class: Discuss the following events. Share your experiences about each event. Write simple words you can associate with the following events.

1. Pasko
2. Araw ng Pasasalamat
3. Araw ng Pagkabuhay
4. Araw ng Kalayaan

♪ **Glossary**

salu-salo – get-together
pakikisama – getting along
kaarawan – birthday
Pasko – Christmas
Araw ng Pasasalamat – Thanksgiving Day
Araw ng Kalayaan – Independence Day
Araw ng Pagkabuhay – Easter

Enero – January
Pebrero – February
Marso – March
Abril – April
Mayo – May
Hunyo – June
Hulyo – July
Agosto – August
Setyembre – September
Oktubre – October
Nobyembre – November
Disyembre – December

Lunes – Monday
Martes – Tuesday
Miyerkoles – Wednesday
Huwebes – Thursday
Biyernes – Friday
Sabado – Saturday
Linggo – Sunday

magsalu-salo – to get together
magluto – to cook
maghanda – to prepare
magsaya – to be happy
maglinis – to clean
magtrabaho – to work
maglaro – to play
maglakbay – to travel

CULTURAL NOTE: SALU-SALO

This chapter highlights the various cultural elements present in Filipino social gatherings. It looks at the reasons for and manner of nonholiday celebrations among family and friends.

Salu-Salo, translated as "party," "get-together," or "social gathering," is an important part of Filipino culture. Maintaining family relationships, friendships, and social networks is an important aspect of *pakikisama*. Filipinos generally wish to include friends and family in celebrating the major events of their lives. Although important occasions are typical reasons to host a *salu-salo*, they are not always required. Such get-togethers can often be spontaneous and unplanned.

Birthdays, graduations, weddings, anniversaries, baptisms, confirmations, and births are all occasions accompanied by a *salu-salo*. Host families will typically save for long periods of time or ask for help from "sponsors" to provide a worthy gathering. While such parties are primarily meant to celebrate the individual achievements of specific family members, they are also intended as signs of gratitude and kinship to those in attendance. The hospitality of organizers and the quality of the festivities convey an implicit acknowledgment of the community's collective contributions to individual successes. Notions of social cohesiveness and interdependence are reiterated in these gatherings.

Whether formal or spontaneous, however, virtually all Filipino social gatherings are accompanied by food and soft drinks. Common activities include games, dancing, and especially videoke. Everyone is expected to participate, and individuals are rarely, if ever, criticized for their lack of singing or dancing ability. As broadly inclusive events, *salu-salos* often consist of a wide spectrum of ages. It is not uncommon to see grandmothers and grandfathers dancing and singing along with teenagers and toddlers. Games also draw wide participation. Memory and concentration, verbal dexterity, and one's knowledge of the world are often tested in such merriments. Those who prove their talents are cheered and admired by the rest of the group, while those less inclined are simply encouraged and given a chance to test their capabilities in another game.

When a *salu-salo* finally comes to an end, guests are not typically expected to help with the cleanup. Those who try are often admonished by embarrassed hosts who don't want their guests' good time to be spoiled by mundane chores. Despite the costs and labor involved, social gatherings in the Philippines are a fundamental aspect of social culture and provide an atmosphere of familial love and community friendship.

GUIDED CONVERSATION

On your own: Read, listen to, and practice reciting the following dialog.

♪ Kaarawan ni Nanay

Ate: May salu-salo sa bahay sa Sabado. Kaarawan ni Nanay. Inaasahan ko ang pagdalo ng pamilya mo.

Kapitbahay: Salamat sa imbitasyon. Siguradong darating kami. Anong oras sa Sabado?

Ate: Alas kuwatro ng hapon.
Kapitbahay: Kailangan mo ba ng tulong sa pagluluto?
Ate: Maraming Salamat, Mila. Hindi na problema. Magpapa-cater kami sa "Barrio Fiesta" para hindi na tayo mapagod pa.
Kapitbahay: Masarap ang pagkain ng "Barrio Fiesta." Siguradong matutuwa ang lahat lalo na si nanay.
Ate: Sana. O siya, magkita na lang tayo sa Sabado.
Kapitbahay: O sige.

Small group/in-class: Read and practice saying the dialog lines for a few minutes as a group. Reproduce the scenario by improvising similar lines.

GRAMMAR: MAG VERBS

On your own: Study the following discussion on *mag* verbs.

Meaning

Mag is an active verbal affix. Verbs used with *mag* involve an action of or with an object by the actor.

> mag + luto = magluto (cook something)
> mag + handa = maghanda (prepare for something)
> mag + linis = maglinis (clean something)
> mag + dala = magdala (bring or carry something)
> mag + bigay = magbigay (give something)
> mag + aral = mag-aral (to study something)

Form

Mag is prefixed to the root of a word. When the root begins with a vowel, use a hyphen between the *mag* and the root. No hyphen is used with consonants.

Command	Completed	Incompleted	Contemplated
mag-aral	nag-aral	nag-aaral	mag-aaral
magluto	nagluto	Nagluluto	magluluto
maghanda	naghand	naghahanda	maghahanda
maglinis	naglinis	Naglilinis	maglilinis
magsayaw	nagsasayaw	Nagsasayaw	magsasayaw

Learner's Tip
Use *mag* when the root is a foreign borrowed word. Examples include *mag-shopping* and *mag-email*.

Small group/in-class: Study the lists above to see how the verbs are formed. Formulate conjugation patterns. Identify how the different aspects and tenses are formed with vowel roots and how they are formed differently with consonant-initial roots. Review the sentence patterns. Choose ten *mag* verbs and use them in complete sentences.

Reading

On your own: Read the short narratives below and decide the following. Nasaan ang salu-salo? Sinu-sino ang nasa salu-salo? Para saan ang salu-salong ito?

1. Nasa bahay ang lahat ng miyembro ng pamilya. Nagluto ang nanay ng turkey, patatas, bitsuwelas, mansanas, at marami pang iba. Nagdala rin si Lola ng maraming "pie." Dumating din ang pinsan at mga tito at tita. Kumain ang lahat at nanood ng football sa telebsiyon.
2. Maingay at masaya ang lahat. Maraming regalo sa sala. May kulay pula, berde, at puti. Maraming pagkain sa hapag-kainan. May "ham", pansit, fruit salad, embutido, dyus, keso at prutas. Nagpalitan ng regalo ang lahat.
3. Nasa labas ng bahay ang salu-salo. Naglalaro ang mga bata ng bola. Nag-iihaw ng karne, hotdog ang pork chop si tatay. May potato salad, pakwan at maraming pagkain. Maingay ang lahat. Sa hapon, nagpaputok ang mag-anak.

Glossary

dumating – arrived
nanood – watched
maingay – noisy
masaya – happy
maraming regalo – many gifts

hapag-kainan – dining table
nagpalitan – exchanged
nag-iihaw – grilling
nagpaputok – lit fire crackers

Small group/in-class: Think of four or five holidays or events (*salu-salo*). Divide into groups and create lists of Filipino words associated with each event. Read the words to the class and have the other groups guess the event.

Writing

Write an invitation and plan an event.

On your own: Magsulat ng isang maikling paanyaya sa isang "salu-salo." Anyayahan ang mga sumusunod: mga kaibigan, miyembro ng pamilya at mga kapitbahay. Isulat nang mga detalya sa imbitasyon: Saan, kalian, ano ang salu-salo, at anong oras.

Small group/in-class: Write a descriptive narrative of one or two of the following *salu-salo*. Then work together as a group to illustrate your narrative.

1. Pagbabalik-bayan ni Nanay
2. Binyag ng Bunsong Kapatid
3. Araw ng Kalayaan
4. Salu-salo para sa pagtatapos sa Mataas ng Paaralan

Paanyaya
Ano: Kaarawan ni Tatay
Saan: Sa Bahay namin sa Lipa City, Batangas
Kailan: Sabado, Disyembre 18, alas dos ng hapon
Tumawag sa telepono 536-3345
Huwag magdala ng regalo!

ASSESSMENT

Writing and Speaking
What is the missing line?

On your own: Ano ang puwedeng sabihin ni A or B? Isulat.

1. A: _____.
   B: Maraming Salamat!

2. A: Pupunta ka ba sa salu-salo mamaya?
   B: _____

3. A: May kainan sa bahay sa Linggo ng hapon.
   B: _____

4. A: _____.
   B: Magluluto si nanay ng maraming pagkain.

5. A: Magtatapos sa kolehiyo ang bunso ko.
   B: _____

Small group/in-class: Compose a short speech about a *salu-salo*. Prepare a quiz sheet about the speech. Deliver the speech in unison as an oral group presentation. Listeners must actively take notes and make clarifications or ask questions if needed at the end of each presentation. Give the quiz questions to the listeners.

Salu-salong Pilipino!

Grammar
Practice writing sentences and using the correct verb forms.

On your own: Fill in the lines below each category. Use the words you listed in the subject positions (first position) to construct sentences.

1. Apat na pangalan ng mga tao

   _____

2. Apat na "personal pronouns"

   _____

3. Apat na "mag-verbs"

   _____

4. Apat ng descriptive words

   _____

5. Apat na ka-verbs

   _____

Small group/in-class: Translate the following sentences into Filipino.

1. Mila cleaned the house for the party.
2. (You) cook pansit and adobo.
3. The children are eating lechon.
4. Are (you) coming to the party?
5. My grandparents brought presents for everyone.

Listening and Speaking

Listen to an audio clip of a *salu-salo*. Go to http://www.seasite.niu.edu/Tagalog/filipino_tapestry.htm.

On your own: Write down all the dialog lines, phrases, words, and expressions you hear at the *salu-salo*. Anong klaseng salu-salo ito? Sino ang nagsasalita? Ano ang sinasabi nila?

Small group/in-class: Compare notes. Compose dialog lines for the scene and reenact it as a group. Lights! Camera! Action!

Intercultural Connection

Sa kulturang Pilipino, bakit mahalaga ang salu-salo? Ano ang kaibahan ng salu-salo sa pamilyang Amerikano? Ano ang gusto at ayaw mo sa salu-salo?

On your own: Sagutin ang mga tanong.

1. Ano ang natutunan mo tungkol as salu-salong Pilipino?

   _____

2. Ano ang hindi mo naintindihan?

   _____

3. Sa palagay mo, mahalaga ba ito sa lahat ng mga kultura sa mundo?

   _____

Small group/in-class: Share your thoughts about *salu-salo*. Write a simile in Filipino to describe your perspectives on this cultural tradition. Share it with your group.

CULTURAL REFLECTION

People of all cultures value family celebrations. How often do you get together with your extended family? What are some of the occasions you celebrate with them?

ADDITIONAL ACTIVITIES

Crossword Puzzle

Solve the puzzle. Use the clues provided.

Across

3 to cook
4 January
7 birthday
8 February
9 to be happy

11 getting along
16 Easter
17 independence
18 to play

19 Wednesday
20 Christmas
21 Thanksgiving
22 August

Down

1 Sunday
2 Thursday
5 to travel

6 tTo prepare
10 to get together
12 to work

13 to clean
14 September
15 March

More Vocabulary Practice

Plan a gathering of friends by listing items to buy and things to do.

_____
_____
_____
_____
_____
_____
_____
_____
_____
_____

Reading

Check the appropriate box indicating the frequency of the activity listed below.

Mga Gawain	Madalas	Minsan	Hindi
1. Naghahanda ka tuwing kaarawan mo.			
2. Pumupunta ka sa mga salu-salo.			
3. Tumutulong ka sa paglilinis ng bahay kapag may salu-salo.			
4. Nagluluto ka ng mga ulam kapag may salu-salo sa bahay ninyo.			
5. Nagluluto ka ng mga panghimagas kapag may salu-salo sa bahay ninyo.			
6. Masaya ka kapag may salu-salo.			
7. Kumakanta ka ng kareoke kapag may salu-salo.			
8. Kumakain ka ng maraming pagkain sa mga salu-salo.			
9. Nagsasayaw ka kung may sayawan sa salu-salo.			
10. Maraming bisita sa inyo kung may salu-salo			

Writing and Describing

Write a short paragraph describing the photo below.

Lunch at the beach

Grammar

Read the scenarios below. What do you think happened before and will happen after the scenario?

Bago (past)	Mga senaryo (present)	Pagkatapos (future)
	Naghahanda si nanay ng mga pagkain para sa kaarawan ni Ben.	
	Dumarating na ang mga kaibigan at mga kamag-anak.	
	Naglilinis ang ate at kuya sa kusina at sala.	
	Naglalakad at namimili ang mga magkakaibigan sa loob ng mall.	
	Kumakain ang mga magkakaibigan sa isang salu-salo sa bahay nina Malen at Fe.	
	Naghuhugas ng mga pinagkainan si nanay sa kusina.	

9 Pagsamba
Religion

OBJECTIVES

- Use *puwede*, *maaari*, *kailangan*, and *dapat* in sentences.
- Understand the various religious traditions in the Philippines.

OPENING PHOTOS

Lumang simbahan ng mga Katoliko

Manchu temple in San Fernando, La Union

Sharif Alawi Mosque in Cagayan de Oro City

On your own: Study the photographs above. List words you associate with each faith.

1. Katoliko/Kristiyano

   _____

2. Budista

   _____

3. Muslim

   _____

Small group/in-class: Share your list of words with the class and answer and discuss the following questions.

1. Ano ang pagkakaiba ng bawat relihiyon?
2. Mahalaga ba ang relihiyon sa buhay ng mga Pilipino?
3. Sino ang mga nagdala ng mga relihiyon ito sa bansang Pilipinas?

♪ **Glossary**

panalangin – prayers
pananampalataya – faith
Kristiyano – Christian
Muslim – Muslim
Katoliko – Catholic
Protestante – Protestant
simbahan – church
templo – temple
mosque – mosque
langit – heaven/sky

paniniwala – beliefs
pari – priest
pangungumpisal – confession
pagkakaisa – unity
kapayapaan – peace
pag-asa – hope

nagdadasal – is/are praying
nag-aalay – is/are offering
nag-aaral – is/are studying

Pagsamba **119**

nagnonobena – is/are saying a novena
nagsisisi – repentant
paano – how
puwede/maaari – can/may
kailangan/dapat – should
selebrasyon – celebration
sakit – illness
ubo – cough
sipon – common cold/congestion
lagnat – fever

telebisyon – television
patay – dead
kumpisal – confession
santo – saint
Koran – Koran
Bibliya – Bible
parusa – punishment
imam – Muslim cleric
awa – pity
mensahe – message

CULTURAL NOTE: PAGSAMBA

The Philippines is an extremely religious country. Belief in God, angels, spirits, demons, and a variety of supernatural forces is common in all parts of the islands. Although the Philippines contains a vast Christian majority, there are also significant populations of Muslims and animists, as well as small numbers of Hindus and Buddhists.

Most Filipinos identify themselves as Catholics. During more than three centuries of colonial rule, Spanish administrators and priests were able to convert most of the islands' inhabitants to Catholicism. Only Muslim populations in Mindanao and the Sulu Archipelago and highland tribes in the Cordilleras were able to resist Spanish evangelization. Catholicism has exercised a tremendous influence on Filipino culture and provides the country with some of its richest traditions. Holidays such as Christmas (Pasko) and its accompanying celebrations (such as Noche Buena and Three Kings), Holy Week and Easter, All Souls and All Saints Days, and an innumerable variety of provincial, municipal, and *barangay* (local political organizations) fiestas celebrating various patron saints all contribute to the Philippines' rich Catholic traditions. Catholicism has also significantly influenced family relationships and the construction of kinship networks. Godparents, known as *ninang* and *ninong*, have become an important means of uniting families and establishing social solidarity. Whether it is in social, political, or religious matters, the Catholic Church has played an important role in shaping Philippine history and society.

Within the past century Protestantism and other Christian sects have witnessed considerable growth in the islands. When the United States took possession of the Philippine archipelago after the Spanish-American War, one of its primary colonial objectives was to de-Hispanize, and therefore de-Catholicize, Filipinos. Protestant evangelization was one of the primary means of accomplishing this. Hence, the Philippines currently contains numerous congregations of Methodists, Episcopalians, Baptists, Lutherans, and Presbyterians, as well as other non-Catholic Christian groups such as Latter-Day Saints, Jehovah's Witnesses, and Iglesia ni Cristo.

Despite a protracted colonial history, however, there are a number of precolonial religions remaining in the Philippines. Animistic faiths are still practiced widely throughout the highlands of Central Luzon and Mindanao. Muslim tribes in Western Mindanao and the Sulu Archipelago continue to follow their faith despite colonial and government pressures. There has also been a high degree of syncretic religious manifestation experienced throughout the islands in which both indigenous and organized imported religions merge into something distinctly new. Spiritism, or Spiritista (a combination of animism and folk Catholicism expressed through magical healing), provides a good example. Although the Philippines is an Asian country, traditional Asian religions have not typically exercised significant influence. Buddhism and Hinduism, for example, are primarily restricted to Chinese and Indian immigrant populations and have tended not to spread to native Filipinos.

GUIDED CONVERSATION

On your own: Read, listen to, and study the following lines and translate them into English. Pair up and compare your translation with that of another student. Make changes as needed.

♪ **Sa Bahay**
Nanay: Alas singko na, magnonobena na tayo!
Anak na babae: Nasa labas pa po sina Ben at Tony. Tatawagin ko na po silang lahat.
Nanay: Salamat, anak.

♪ **Sa Labas ng Simbahan**
Batang Nagtitinda ng Bulaklak: Sampagita! Dalawampiso lang po!
Aling Mila: Pabili nga iho ng dalawang sampagita. Heto ang limampiso. Sa iyo na ang sukli.
Batang Nagtitinda ng Bulaklak: Maraming Salamat po!

♪ **Sa loob ng Simbahan**
Pastor: Kumusta ang pamilyang Abante?
Ginoong Abante: Mabuti naman po kaming lahat.
Ginang Abante: Salamat sa Diyos at malusog naman po kaming lahat.
Pastor: Sana magkita-kita po muli tayo sa susunod na Linggo.

♪ **Ramadan Na!**
Lally: Kailan ba mag-uumpisa ang Ramadan.
Marvs: Sa isang Linggo pa.
Lally: Anu-ano ang maaari at hindi maaaring gawin ng isang Muslim kung Ramadan?
Marvs: Kailangang magdasal ka limang beses sa isang araw.
Lally: Ano pa?
Marvs: Hindi ka puwedeng kumain sa araw. Puwede kang kumain bago "sunrise" at pagkatapos ng "sunset."
Lally: Ganoon ba? Kailan matatapos ang "fasting" ninyo?
Marvs: Pagkatapos ng apat na pung araw, may malaking selebrasyon at salu-salo.
Lally: Puwede ba akong sumama sa salu-salo?
Marvs: Puwede. Alas sais ng gabi ang salu-salo.

Glossary

alas singko – five o'clock
dalawampiso – two pesos
limampiso – five pesos
iha – young girl
sampagita – a sampaguita flower
sukli – change (money)

salamat sa Diyos – Thank God!
malusog – healthy
magkita tayo muli – let's see each other again

limang beses – five times
malaking selebrasyon – big celebration

Small group/in-class: As a group, formulate *ba* questions. Use *ano*, *kailan*, and *saan* in the questions. Interview other students and share their answers with your group or the whole class.

GRAMMAR: PUWEDE, MAAARI, KAILANGAN, DAPAT

On your own: Study the proper use, function, and meaning of *puwede*, *maaari*, *kailangan*, and *dapat*.

Meaning

Puwede and *maaari* are both equivalent to the English modal verb "can." *Kailangan* and *dapat* mean "should." To negate, front *hindi* (meaning "no") to make *hindi puwede/maaari* and *hindi kailangan/dapat*. Basahin ang mga halimbawa sa ibaba.

> Puwedeng kumain sa madaling araw at sa gabi ang mga Muslim.
> Hindi maaaring magmerienda ang isang Muslim sa umaga o sa hapon.
> Kailangang pumunta sa simbahan ang mga katoliko para mangumpisal.
> Hindi dapat kumain ng karne ang mga katoliko tuwing Biyernes.

Use

Puwede/maaari is used to express one's ability to do something. *Kailangan/dapat* is used to indicate an obligation.

Form

Puwede/maaari and *kailangan/dapat* are used with the infinitive/command verbs.

Puwede/Maaari	Silang (linker *ng* before the verb)	Kumain	Ng Almusal Sa Umaga.
Puwedeng/maaaring (linker before the verb)	magluto	si Ben	ng almusal
Kailangan/dapat	silang	magsimba	araw-araw
Kailangang/dapat (linker suffixed to *kailangan* but not needed with *dapat*)	magdasal	sina Mona at Lisa	sa bahay

Small group/in-class: Use the following verbs with *puwede/maaari* and *kailangan/dapat*.

1. pumunta
2. maglinis
3. maglaro
4. mag-alay
5. bumili
6. tumahimik
7. magpahinga
8. makinig

> **Learner's Tip**
> *Puwede, maaari,* and *kailangan/dapat* can only be used with the infinitive form of the verbs. In forming sentences, linkers are needed before the verbs.

Writing and Speaking

Learn more information about other faiths!

On your own: Interview a student whose faith is different from yours. Formulate a list of questions and use them in your interview. Write a short narrative about this person and read it to the class.

Halimbawa
  Ano ang pangalan mo? Ano ang pananampalataya? mo?
  Ako si Josie. Intsik ang tatay ko kaya Budista kami.

Small group/in-class: Share the narratives of your interviews. Put together longer narratives featuring two of the persons interviewed. Read this narrative and simulate a radio talk show. One student acts as the host and the others as guests. Present this in class.

Note to teacher: This task can also be prerecorded outside of class. Have students prepare a recording in advance and then share with the whole class.

Listening and Reading

On your own: Read and listen to the lyrincs of the song below. Go to http://www.seasite.niu.edu/Tagalog/filipino_tapestry.htm. The song was composed and originally recorded by Florante and later revived by several contemporary artists. Write a short summary translation of it. Ano ang tema ng awitin? Bakit mahalaga ang pag-kakaisa at kapayapaan sa mundo?

Sana, by Florante
Sana ang buhay ay walang dulo o hangganan
Sana'y wala ng taong mahirap o mayaman
Sana iisa ang kulay,

Sana'y wala ng away.

Sana'y pag-ibig na lang ang isipin ng bawat isa sa mundo
Sana'y pag-ibig na lang ang isipin, sana'y magkatotoo.
Sana'y laging magbigayan
Sana'y laging magmahalan.

Sana ang tao'y hindi nagugutom o nauuhaw
Sana'y hindi na gumagabi o umaaraw
Sana'y walang tag-init,

Sana'y walang taglamig.

Small group/in-class: Isadula (act out) ang buong awitin. Ipakita ito sa klase.

Lights! Camera! Action!

Writing

On your own: Research the different practices and traditions of the following religious groups in the Philippines.

1. Mga Katoliko
2. Mga Protestante
3. Mga Budista
4. Mga Iglesia ni Kristo
5. Mga El Shaddai

Small group/in-class: Create a PowerPoint presentation of each religious group. Present it in Filipino. Use a combination of pictures and texts.

ASSESSMENT

Listening and Speaking

Watch a clip from the movie *Rizal*. Go to http://www.seasite.niu.edu/Tagalog/filipino_tapestry.htm. Pay attention to the roles of the priests and the church.

On your own: Listen carefully to the dialog in the movie clip. Take notes and formulate some questions for discussion. Write a short summary of the clip and predict the ending of the movie.

Small group/in-class: Discuss the film clip. Use the questions each student formulated after watching it. Act as film critics. Ano ang maganda sa pelikula? Ano ang masasabi ninyo sa mga "acting" ng mga pangunahing artista? Maganda ba ang kabuuan ng pelikula? Isulat ang mga ito at basahin sa harap ng klase.

Grammar

On your own: Anu-ano ang mga dapat at maaaring gawin ng mga sumusunod?

1. Mga kolehiyo
2. Mga mayayaman
3. Mga pari sa simbahan
4. Mga Muslim at Kristiyano sa Mindanao
5. Mga magulang ng mga kabataan
6. Mga kabataan
7. Mga opisyal ng gobyerno

Small group/in-class: Write an appropriate follow-up sentence in Filipino for each sentence below. Use *dapat/kailangan* and *maaari/puwede*.

1. Mahirap ang buhay ngayon.
2. Maraming problema ang mga kabataan sa bayan.
3. May sakit ang mga anak ko.
4. Walang trabaho ang maraming tao sa Pilipinas.
5. May problema ang mga Muslim at kristiyano sa Mindanao sa Pilipinas.
6. Maraming nagtitinda ng mga bulaklak at kandila sa labas ng simbahan.
7. Muslim ang kaibigan mo.
8. Binyag ng pamangkin mo bukas.
9. Alas singko ng hapon ang nobena sa bahay.
10. Nagdadasal ang pamilya araw-araw.

Writing

On your own: Complete the following letter to the editor. Give your own opinion about the situation.

Sa Editor:
   Hindi ako naniniwala na wala nang pag-asa ang kapayapaan sa Mindanao. Ito ang mga dapat gawin ng mga tao kasama na rin ang gobyerno.

Small group/in-class: Read the following sentences and decide what advice to give about each situation. Write one sentence using *maaari/puwede* and one using *hindi puwede/hindi maaari*, *dapat/kailangan* and another using *hindi dapat/hindi kailangan*. List additional situations and have another group write sentences about them using the terms above.

1. May ubo, sipon, at lagnat ka. Linggo ngayon.
2. May-ari ka ng isang kompanya. Marami kang bakanteng posisyon.
3. May salu-salo sa bahay ninyo. Dumating ang pinsan mong Muslim.

Intercultural Connection

On your own: There is an ongoing religious and political conflict in Mindanao. Learn more about it. Ano kaya ang dapat gawin ng gobyerno para malunasan ang problema doon?

Small group/in-class: Create a poster about peace (*kapayapaan*) and unity (*pagkakaisa*). Use pictures and words.

CULTURAL REFLECTION

What do you think the role of religion in society should be? Mahalaga ba ang relihiyon sa buhay ng tao? Ano ang masasabi sa sawikain na ito "Nasa tao ang gawa, Nasa Diyos ang awa."

ADDITIONAL ACTIVITIES

Crossword Puzzle

Solve the puzzle. Use the clues provided.

Across

2 illness
5 priest
7 message
8 how
13 television
14 should
17 mosque
19 Koran
23 is/are saying a novena
25 temple
27 faith
28 dead
30 punishment
31 unity
32 repentant
33 saints
34 is/are praying
36 Muslim
37 is/are studying
38 cough

Down

1 fever	11 church	21 Christian
3 confession	12 beliefs	22 can/may
4 Bible	15 is/are offering	24 peace
6 heaven/sky	16 Protestant	26 hope
9 Muslim priest	18 confession	29 Catholic
10 celebration	20 prayers	35 pity

Speaking and Writing

Interview several people about their religions. Write their answers in the columns below.

Pangalan	Relihiyon	Araw ng Pagsamba	Mga Katangian

Grammar

Use *dapat/kailangan* or *maaari/puwede* to complete the following sentences. Add linkers if needed.

1. _____ kang pumunta sa simbahan para magdasal.
2. _____ bang magtanong?
3. _____ kayong kumain sa madaling araw.
4. _____ magdasal sa simbahan sa Quiapo buong araw at gabi.
5. _____ nating igalang ang bawat tao.
6. Hindi _____ kumain ng karne ang mga tao tuwing Biyernes.
7. Hindi mo _____ binili ang bulaklak sa labas ng simbahan.
8. _____ kayong magnobena tuwing hapon.
9. Hindi _____ kumain si Amando ng karne ng baboy kasi Sabadista siya.
10. Hindi _____ si Ben kasi hindi siya naniniwala sa Diyos.

Pagsamba **127**

More Writing

What would you do in the following situations?

1. Muslim ang kaibigan mo. Niyaya kang sumama sa kanilang Mosque.
   _____

2. Nagbabasa ng Bibliya ang kaklase mo. Pinagtatawanan siya ng mga ibang kaklase mo.
   _____

3. Katoliko ka. Protestante ang asawa mo.
   _____

4. Muslim ang kapitbahay ninyo. Baptist ang pamilya mo.
   _____

Describing

List the religious beliefs of each faith below based on the three subjects.

Relihiyon	Pagkain	Pananamit	Pagsamba
Katoliko			
Muslim			
Protestante			
Iglesia ni Kristo			
Sabadista			
Mormon			

Relihiyon	Pagkain	Pananamit	Pagsamba
Baptist			
Budista			

10 Pista
Festival

OBJECTIVES

- Use the noun affixes *an/han*, *taga*, *mag*, *ka–an/han*, and *tag* in simple sentences.
- Understand the purposes, activities, and culture of Filipino festivals.

OPENING PHOTOS

A religious relic sold during the Palm Sunday Festival in Cagayan de Oro City

Children watching a pista

On your own: Have you been to festivals? What are some of the sounds, objects, types of people, shows, events, and so on, that you saw during these festivals? Write them down and share them with a partner.

Small group/in-class: As a group, organize all the things and events you have seen, heard, and experienced in festivals. Organize them in alphabetical order. Use the Filipino alphabet: *a, b, k, d, e, f, g, h, i, l, m, n, ng, p, s, t, u, w, y*. Write each word on an index card and play charades. Take turns acting out these words, ideas, events, and so on, as group members guess the subject.

♪ Glossary

pista – festival
bispiras – eve of a festival
pagkain – food
minatamis – sweet food
lechon – roasted pig
handa – food prepared
tikim – taste
tiangge – sale goods
pagkamalikhain – creativeness
makulay – colorful
naiiba – different
nagkakainan – eating together
nagkakantahan – singing together
nagsasayawan – dancing together

kainan – a place eat
inuman – a place to drink
sulatan – something to write on
lutuan – a place for cooking
sasakyan – something to ride on
aklatan – a place for books
kahuyan – woodpile
babuyan – a place for pigs
anihan – harvest time
pistahan – time for a festival
pasukan – a time for school
taniman – a time for planting
kabutihan – goodness
kasamaan – badness

kabuhayan – employment / livelihood
kaligayahan – joyfulness
kasiyahan – happiness

kabukiran – farmland
katandaan – elders
kabataan – youths
kabisayaan – a place of the Visayan people

tag-araw – summer
tagsibol – spring
taglamig – winter
taglagas – fall
tag-ulan – rainy season
tagtuyot – dry season
taghirap – a time of (economic) difficulty
tagaluto – a person who cooks frequently
tagabili – a person to buys frequently
tagaturo – a person who teaches frequently
tagadala – a person who brings (a thing) frequently
tagalaba – a person who does laundry frequently
mag-asawa – husband and wife
magkasama – companion
mag-ina – mother and child
mag-ama – father and child
magkapatid – brothers and sisters
mag-anak – family

CULTURAL NOTE: PISTA AT MGA HOLIDAY

In addition to a variety of local fiestas honoring patron saints, Filipinos also delight in celebrating nationally recognized holidays that pay homage to shared religious traditions. The most prominent of these are Christmas (Pasko), New Year (Bagong Taon), Holy Week (Banal na Linggo o Pasko ng Pagkabuhay), and All Saints' Day and All Souls' Day (Araw ng mga Patay).

In the Philippines the Christmas season begins in September. During all of the "-ber months" the country is overwhelmed with festive decorations, lights, Christmas music, and seasonal delicacies. Children stroll up and down the streets caroling for pesos, while adults scrape together their savings for a Christmas feast. These celebrations all culminate in the joyful Noche Buena. Beginning around midday on the twenty-fourth of December, Filipino households all commence preparations for a massive feast. As night approaches, family and friends gather together to eat, socialize, and exchange small gifts. At midnight most churches are overflowing with parishioners attending Christmas masses. These worship services are punctuated by the surrounding cacophony of booming fireworks and blaring music. After mass, families continue their celebrations and feasting until the early hours of the morning. Christmas Day is typically relaxed as Filipinos spend their holiday visiting friends and partaking of leftovers.

Christmas celebrations very naturally carry over into the New Year. Ang Bagong Taon, the New Year's celebration, is a major holiday in the Philippines. The concept of starting anew with prospects for a prosperous and healthy new year inspires a variety of preparations and festivities. Throughout the day on New Year's Eve, Filipino women busy themselves cleaning every corner of their homes and grounds in a symbolic gesture of renewal—a sort of counterpart to "spring cleaning" in the United States. As with Christmas celebrations, large feasts and fireworks welcome the coming holiday at precisely midnight. The New Year, however, carries an added emphasis on fireworks. Although a steady stream of intermittent explosions can be heard throughout the evening, the ten minutes leading up to midnight ring with a deafening cacophony of fireworks as the sky is illuminated with multicolored detonations. As if the fireworks were not enough, clamor is added by children banging on gates or pots, giddy screams, and anything else that will add to the spectacle. It is truly an amazing experience.

The next major holiday in the islands is Holy Week. The festivities held during the seven days leading up to Easter are meant to commemorate and honor the final days of Jesus Christ. They include observances such as Maundy Thursday (Holy Thursday), commemorating the Last Supper; Good Friday, with an emphasis on Passion (Pasyon) plays and personal penance (occasionally including self-flagellation and crucifixions); Holy Saturday, a day of silence and prayer; and Easter Sunday, with large masses and reenactments of the Resurrection. The entire week is a source of great religious revival and renewal for Filipino Catholics.

The final holidays discussed here are All Souls' Day and All Saints' Day (Araw ng mga Patay). These holidays are observed from October 31 to November 2. They are meant to honor the souls of deceased relatives and canonized saints. Beginning on October 31, Filipino families clean and decorate the stone sarcophagi and mausoleums of departed family members and prepare dishes to eat while standing vigil in the cemetery. It is commonly believed that from midnight on October 31 to midnight on November 2 the souls of the departed are allowed to return to earth to visit relatives and their final resting places. These spirits must be greeted with celebrations and offerings to ensure their favor and avoid bad luck.

GUIDED CONVERSATION

On your own: Basahin at unawain ang "dialog." Bigkasin ang bawat linya ng "usapan." Isalin ito sa Ingles.

♪ **Pista Na Naman!**
Rina: Kaibigan, pista sa amin sa Linggo. Makakapunta ba kayo?
Mel: Wala pa naman kaming plano. Anu-ano ba ang makikita kapag Pista sa inyo?
Rina: Marami. Finalist ako sa Amateur Singing Contest sa bispiras ng pista. Kailangan ko ng tagapalakpak. Kaya dapat dumating kayo.
Mel: Talaga. Maliban sa kantahan, ano pa? Naghahanda ba kayo?
Rina: Oo. Naglelechon kami. Maraming pansit, minatamis, atsara, at marami pang iba. Marami ding tiangge sa plaza. Meron ding perya at mga laro. Sa gabi naman, may beauty at singing contest.
Mel: Hmmm. . . . Matagal na akong hindi nakakatikim ng lechon. Kung papalakpakan ka namin sa contest, papakainin mo ba kami ng lechon?
Rina: Siyempre naman. Pumunta kayo sa bahay pagkatapos ng misa.
Mel: O sige, isasama ko ang buong pamilya.

Small group/in-class: Simulate a minifestival. Have each group member take one of the roles. Work as a group to formulate possible dialog lines. Present this in class.

1. tindero at tindera ng mga damit, laruan, pagkain
2. miyembro ng pamilya
3. mga bisita
4. mga musikero
5. mga opisyal ng bayan.

GRAMMAR: SOME NOUN AFFIXES

On your own: Study the following noun affixes and use them with other nouns. Don't be surprised by the nouns that emerge.

Use and Form
1. *An/han* indicates the following:

Place – where the root word is located

   aklatan
   kainan

Time – when the root word is happening

   pistahan
   taniman

Things – where the root word is being used

    lutuan
    sulatan

2. *Ka–an/han* indicates the following:

An abstract idea or state of being

    katalinuhan
    kabutihan
    kagandahan

The plurality of similar nouns

    kabataan
    kabayan/kababayan

> **Learner's Tip**
> If the roots end in a vowel, use *han*. If the roots end in a consonant, use *an*.

> **Learner's Tip**
> *Ka* is prefixed to the root, and then *an* or *han* is suffixed to the same root.

3. *Taga* indicates the following:

From, living in, native of

    Taga-Amerika
    Taga-Pilipinas

A person doing what the root is, a person who acts the root on a regular basis

    tagabili – someone who buys often
    tagaluto – someone who cooks often

4. *Tag* indicates time of (an act or event) or season of (the year).

    tag-araw – summer/hot season
    taghirap – hard times

5. *Mag* is also used as a verb, but when it is used with a noun root it indicates partnership and relationship.

    mag-asawa – husband and wife
    magkapatid – brothers and sisters

Small group/in-class: Form creative sentences using the following groups of words.

Nouns: magkaibigan, pista Verb: kumakain Adjective: masaya	Nouns: mag-anak, bayan Verb: pumunta Adjective: mainit
Nouns: tag-init, mga tao Verbs: magtatanim, magtitinda Adjectives: matrabaho, mahirap, tahimik	Nouns: taga-Pilipinas Verbs: nagkakantahan, nagsasayawan, nanood Adjectives: maingay, marami
Nouns: bispiras ng pista, mga nanay, bahay Verbs: nagluto, naghanda, naglinis Adjectives: masarap, maganda, malinamnam	Nouns: Santacruzan, Pahiyas, Araw ng Pasko, Disyembre, Mayo, Tag-init Verbs: naglalakad, nagbibigay ng regalo, kumakain, nagbibihis Adjectives: mahal, maganda, makulay

Writing

On your own: Maghanap sa Internet o sa mga libro ng mga impormasyon tungkol sa mga sumusunod na pagdiriwang/pista. Ano ito? Saan? Kailan? Bakit? Basahin sa kapareha.

1. Tatlong Hari
2. Pahiyas
3. Feast of the Black Nazarene
4. Pasko
5. Flores de Mayo
6. Araw ng mga Patay

Small group/in-class: Pumili ng dalawang pista o pagdiriwang sa itaas. Gamitin ang impormasyong natipon tungkol sa mga pagdiriwang sa Pilipinas. Magsulat ng maikling sanaysay tungkol sa mga ito. Gamitin ang "template" sa ibaba.

Unang Talata: Ano ang pagdiriwang na ito? Kailan ito nag-umpisa?
Pangalawang Talata: Kailan at saan ito ipinagdiriwang?
Pangatlong Talata: Anu-ano ang mga nakikita sa pagdiriwang na ito?
Pang-apat/Panghuli: Ilarawan ang pistang ito. Para ba ito sa pamilya? Sa mga magkakaibigan, sa mga bata, sa mga banyaga

Reading

Basahin ang maikling talata at magsulat ng maikling buod (summary) ng sanaysay.

♪ **Ati-atihan**

Ipinagdiriwang ang Pistang Ati-atihan bilang pagbibigay karangalan sa Santo Nino (the Holy Child, i.e., baby Jesus). Ginaganap ito sa Kalibo, Aklan sa Pilipinas tuwing ika-tatlong Linggo ng Enero. Isa ito sa mga pinaka-maingay at makulay na pagdiriwang sa Pilipinas.

Nagsusuot ng mga mga makukulay at kakaibang damit at maskara ang mga kasama sa parada at pagsasayaw. Pinipintahan nila ang kanilang mga mukha ng mga itim at matitingkad na kulay. Gumagamit sila ng tambol, espada, at mga maiingay na tugtugin.

Children celebrating a harvest festival

Lahat ng mga tao, katoliko man o hindi ay kasama sa pagdiriwang na ito. May prusisyon, parada, sayawan at mga gawaing puno ng kasiyahan.

Small group/in-class: Sagutin ang mga sumusunod na tanong tungkol sa sanaysay.

1. Ano ang ati-atihan?

2. Saan kaya nagmula ang salitang ito?

3. Sino ang binibigyan ng parangal sa pagdiriwang na ito?

4. Ano ang suot ng mga nagsasaway sa parada?

5. Ano ang ipinipinta nila sa kanilang mga mukha?

6. Anong mga kulay ang makikita dito?

7. Katoliko lang ba ang dumadalo sa pistang ito?

8. May prusisyon ba?

9. May parada ba?

10. May sayawan at kainan ba?

ASSESSMENT

Grammar

On your own: Formulate your own grammatical patterns using the noun affixes presented in this chapter. Which pattern is least clear to you?

Small group/in-class: Gamitin ang mga sumusunod na salita sa buong pangungusap.

1. tag-init
2. tag-ani
3. mag-anak
4. pistahan
5. tagaluto
6. tagalinis
7. parada
8. magkapatid
9. mag-anak
10. kaibigan

Writing

On your own: Write a poem about one of the Filipino festivals. Use alternating rhyme patterns. Make all the A lines rhyme and all the B lines rhyme.

Title: _____

A _____
A _____
B _____
B _____

A _____
A _____
B _____
B _____

A _____
A _____
B _____
B _____

A _____
A _____
B _____
B _____

Small group/in-class: Create images of five Filipino festivals. Make a poster advertisement and talk about it in Filipino in class. Have fun!

Jeepney festival

Reading

On your own: Basahin ang talata at isalin ito sa Ingles.

♪ Jeepney King Festival

Tuwing buwan ng Abril, ipinagdiriwang ang "Jeepney King Festival" sa Maynila. Ipinapakita dito ang makukulay at iba't—ibang disenyo ng mga jeepney. May lawin, kabayo, bundok, larawan ng mga magagandang lugar, kasabihan, at mga iba't-ibang guhit sa loob at labas ng jeepney. Makikita dito ang pagkamalikhain ng mga Pilipino.

Tuwing pista ng mga jeepney, may parada ng pinakamagagandang jeepney sa mga kalye ng Maynila. May palabas din tungkol sa mga ito. May mga palaro, tiangge, at pagkain. Maraming taong natutuwa sa ganitong parangal para sa pinakatanyag na sasakyang pampubliko sa Pilipinas.

Tara na biyahe tayo!

Small group/in-class: Punan ang mga patlang (fill in the blanks) ng mga tamang salita.

1. Ipinagdiriwang ang Jeepney King Festival sa _____.
2. Ipinagdiriwang ang pista ng mga jeepney tuwing _____.
3. May mga ibat'ibang _____ na nakaguhit sa labas at loob ng jeepney.
4. _____ ang mga Pilipino dahil sa kagandahan ng mga sining sa jeepney.
5. Ang mga _____ jeepney ang pumaparada sa araw na ito.
6. Masaya ang mga bata sa mga _____.
7. Tuwang-tuwa naman ang mga kababaihan sa _____.
8. Masarap ang mga _____ sa pagdiriwang na ito

Intercultural Connection

On your own: Interview a Filipino. Learn more about festivals in the different provinces and locations in the Philippines. Share your interview with a partner

Small group/in-class: Discuss some of the similarities between the festivals discussed in this chapter and your own festivals or celebrations. May pareho ba? May pinagkaiba ba?

CULTURAL REFLECTION

Think about the relevance of these festivals. Do they help build bridges between groups with different backgrounds? Do you think colonialism influenced these festivals?

ADDITIONAL ACTIVITIES

Crossword Puzzle
Solve the puzzle. Use the clues provided.

Across

2 taste
4 different
7 goodness
8 food
9 a place for cooking
12 a place of the Visayan people
14 woodpile
19 a place for books
21 a place to drink
22 creativity
29 sale goods
30 something to ride on
32 different
33 badness
34 happiness
35 festival

Down

1 a place for pigs
2 a place to eat
5 joyfulness
6 elders
10 farmland
11 sweet food
13 harvest time
15 eating together
16 a time for planting
17 livelihood
18 dancing together
20 singing together
22 a time for school
23 youth
24 time for a festival
25 something to write on
26 colorful
27 eve of a festival
28 roast pig
31 food prepared

Writing

Choose a celebration in the Philippines and list various types of words associated with it. Organize the words using the diagram below. Indicate different categories associated with each group. Be creative!

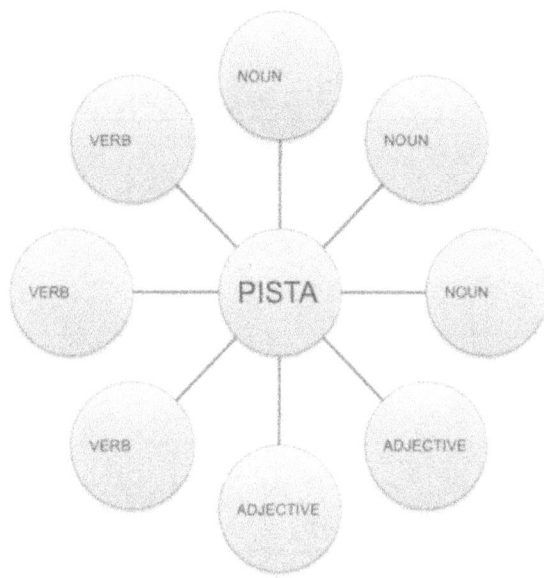

Grammar

Use the following words in complete sentences.

1. kasiyahan

2. kagandahan

3. kabutihan

4. taga-probinsya

5. tag-araw

6. tagsibol

7. taglamig

8. mag-asawa

9. magkapatid

10. naglaro

11. nagsasayaw

12. naghahanda

13. maglalakad

14. mag-iimbita

15. naglini

Speaking and Writing
Write possible dialogs for the situations below.

1. Pista sa Bayan. Nasa bahay ang buong pamilya. Kumakain ang mga bata. Nag-uusap naman ang mga matatanda.

2. Binyag ng anak ng kapatid mo. Maraming ninong at ninang. May handaan sa isang restoran. Masaya ang lahat.

3. Pumunta ang mga magkakaibigan sa Pista ng Pahiyas. Naglalakad sila sa mga kalye. Maraming magagandang kulay sa mga bahay at iba pang gusali.

11 Aliwan
Pastimes

OBJECTIVES

- Use *nasaan* and *saan* questions.
- Mark words with *nasa* and *sa* appropriately.
- Understand Filipino amusements through cultural discussions.

OPENING PHOTOS

Sayawan sa plasa

Sabong tuwing Linggo

On your own: Pag-aralan ang mga larawan sa naunang pahina. Anu-ano ag mga ginagawa ng mga tao sa larawan? Masaya ba sila? Mabuti ba ang mga ganitong aliwan?

Small group/in-class: Pakikipanayam (interview): Makipagpanayam sa isa't-isa. Gamitin ang mga sumusunod na katanungan at gumawa ng isang "bar graph" tungkol sa mga ito.

1. Ano ang ginagawa mo tuwing Sabado at Linggo?
2. Anong klaseng libangan ang ginagawa mo?
3. May panahon ka bang magrelaks?

♪ Glossary

aliwan – pastimes/amusements
sabungan – cockfighting
awitan – singing
panonood ng sine – watching television
paglalaro ng basketbol – playing basketball
sayawan – dancing
inuman – drinking (alcohol)
tsismis – gossiping
maglakad sa dagat – walk on the beach
magbasa ng libro – read books
makinig sa radio – listen to the radio
manood ng sine – watch television
maglaro ng holen – play with marbles

manahi ng mga damit – sew clothes
maglaro ng madjong – play mahjong
magtanim ng bulaklak at mga gulay – plant flowers and vegetables
magpinta – paint

saan/nasaan – where
dito/narito – here (near the person speaking)
diyan/nariyan – there (near the person spoken to
doon/naroon – there (far from both person speaking and listening)

CULTURAL NOTE: ALIWAN

Filipinos generally enjoy spending time and engaging in activities with friends. There are several significant and pervasive *aliwan* (amusements or pastimes) deeply engrained in Filipino culture. Consider the following.

Sabungan. Cockfighting has been a fundamental aspect of Filipino culture for thousands of years, as it has been in many parts of Southeast Asia. Typically a masculine undertaking, cockfighting has historically offered local men the opportunity to meet and build networks of patron-client relationships. As the seminal works of anthropologist Clifford Geertz have shown in Indonesia, betting on, rooting for, and abstaining from certain matches reveal the most essential expressions of Southeast Asia's intricate web of patrons and clients. The same is true for the Philippines.

Theater and Cinema (sine). The Philippines has a rich history of drama and theater. In precolonial times Filipino communities gathered to watch productions known as *sarensuela*. Under the Spanish, religious plays took on special significance. Ang Pasyon, the Passion of the Christ, is perhaps the most frequently reproduced theatrical performance in Filipino history. Theater also served as a particularly subversive medium for colonial protests throughout the Spanish and American periods. It was also employed in this way during martial law under

Ferdinand Marcos. Today modern cinema is one of the Philippines' greatest pastimes. Over the past four decades the Philippines has produced several thousand films, demonstrating a particular aptitude for drama, comedy, and romance. Western films are also widely popular.

Basketball. Ever since the early American period, the Philippines has had a passionate love affair with basketball. The National Basketball League (NBA) in the United States has a massive following in the islands. The Philippines has its own professional leagues as well. The Philippine Basketball Association (PBA) and Metroball Association (MBA) provide extremely popular leagues with national sports celebrities and highly anticipated televised championships. More fundamentally, however, basketball has penetrated the most remote corners of the Philippines and captured the hearts of an entire nation. In even the most distant *barangays* one can always find some sort of makeshift hoop wired or lashed to a coconut tree with half a dozen dedicated players shuffling through the dirt bouncing a basketball.

Beauty Pageants. Most community celebrations in the Philippines are accompanied by a variety of beauty pageants. Judged on their demeanor, intelligence, grace, talent, fashion sense, elocution, and of course looks, Filipino women ranging from preschool to middle age compete in front of massive crowds. Though typically festive productions, these competitions are taken very seriously by onlookers and participants alike. Pageants for men and transgendered individuals are also common, though usually not considered as serious as those for women.

Awitan. Music and song have always been a fundamental aspect of Filipino culture. In precolonial times virtually all ethnolinguistic groups in the islands had their own collections of epic poems, genealogies, and morality tales put to song. These musical tales were often enhanced with bamboo flutes and xylophones, as well as metallic instruments such as brass gongs. Today music permeates every corner of the Philippines. Restaurants, markets, and every manner of public transportation constantly ring out the latest American and Filipino hits. Stroll along any street in the islands just after dusk and one is bound to encounter numerous small groups of *barkada* (friends) huddled around a guitarist singing in unison. Karaoke and videoke have become canonized as national pastimes and are rarely absent from any significant social gathering.

GUIDED CONVERSATION

On your own: Read, listen to, and recite the conversation below. Underline unfamiliar words and look up their English translations.

♪ **Usapang Kaibigan**
Susan: Tony at Reggie, manonood kami ng sine mamayang gabi. Gusto ba ninyong sumama?
Tony: Ano ang panonoorin ninyo?
Susan: Hindi pa namin alam.
Reggie: Huwag na lang tayong manood. Pumunta na lang tayo sa Sea Front restoran at kumanta ng karaoke.
Tony: Kumain kami doon noong isang Linggo. Masarap ang mga pagkain.
Susan: Tatawag ako kay Sheila. Baka gusto niyang sumama sa kantahan.

Small group/in-class: Write minidialogs for the following scenarios.

1. Pagkatapos manood ng sine ang pamilya
2. Habang kumakanta ang mga magkakaibigan

Writing and Speaking

On your own: Write down words associated with the following events.

1. bakasyon
   _____

2. kaarawan
   _____

3. pagbabalik-bayan
   _____

4. despedida
   _____

Small group/in-class: Use the list of words above to write a short narrative for each event. Discuss the events, write the narratives, and read them out loud.

Reading

On your own: Read the short narratives written in the small groups in the "Writing and Speaking" section. Write a one-sentence summary for each narrative.

Small group/in-class: Read the short narratives from the "Writing and Speaking" section. Formulate questions for each narrative and write possible answers.

GRAMMAR: SAAN AND NASAAN

On your own: Study the proper use, meaning, and form of *saan* and *nasaan*.

Meaning and Use

The question *saan* (where) is answered by *sa* and the name of the place. This *sa* phrase indicates the place where an act is, was, or will be executed. The question *nasaan* is answered by *nasa* and the name of the place where a person or thing is, was, or will be.

Saan nanood ng sine sina Marites at Susan? (Where did Marites and Susan watch a movie?)
Sa SM Mega Mall nanood sina Marites at Susan. (Marites and Susan watched the movie at the SM Mega Mall.)
Nasaan ang libro? (Where is the book?)
Nasa mesa ang libro. (The book is on the table.)

Form

Questions

> *Nasaan* + *ang/si* phrase / *ang* pronoun?
> *Saan* + verb + *si/ang* phrase?
> *Saan* + *ang* pronouns + verb?

Responses

> *Nasa* + place + *ang/si* phrase
> *Sa* + place + verb (past, present, future) + *ang/si* phrase
> *Sa* + time/day/month + *ang/si* phrase

Halimbawa

> *Nasa restoran* ang mga kaibigan ko. (My friends are at the restaurant.)
> *Nasa Chicago* ang pamilya. (The family is in Chicago.)
> *Sa parke* kakain ang pamilya *sa Sabado*. (The family will eat in the park on Saturday.)

On your own: Study the *nasa/sa* meanings, uses, and forms. Use the key words below to write sentences.

1. bahay
2. dagat
3. sinehan
4. salu-salo
5. kakain
6. maglalaro
7. nagbabasa
8. Mall of Asia
9. naligo

Small group/in-class: Ask your group members the following questions.

1. Saan ka nagbakasyon noong tag-init?
2. Saan kayo kumakain ng mga kabigan mo?
3. Nasaan ang bahay mo?
4. Nasaan ang mga magulang mo?
5. Saan kayo nanonood ng sine?

ASSESSMENT

Grammar

On your own: Write down, in your own words, the ways in which *nasa*, *nasaan*, *saan*, and *sa* are used. Which part of the grammatical structure studied in this chapter is least clear to you?

Small group/in-class: Answer the following questions.

1. Saan kumain ang pamilya noong Linggo?
2. Saan nagkakantahan ng karaoke ang mga estudyante ng Tagalog?
3. Nasaan kayo kahapon?
4. Nasaan ang sabungan ng bayan?
5. Sa bahay ba ang salu-salo sa Sabado?

Reading

On your own: Read and listen to the short narrative below and formulate appropriate *nasaan* and *saan* comprehension questions.

♪ Sabungan

Matagal nang kinagigiliwan ng mga Pilipino ang *sabong*. Tuwing Linggo, maraming mga tao sa mga sabungan. Magaganda at malalaki ang mga manok na lumalaban. Maingay ang loob ng sabungan.

Sa labas ng sabungan, makikita ang maraming nagtitinda ng pagkain at inumin. May sago, gulaman at tubig. May barbecue, ulam at kanin, at mga minatamis.

Sa umpisa, masaya ang lahat sa sabungan. Pagkatapos ng laban, malungkot ang mga natalo at mas masaya ang mga panalo. Walang kasintulad ang ganitong aliwan Talagang naiiba.

Small group/in-class: Collect (*tipunin*) the questions formulated by individual students. Answer the questions.

Writing

Small group/in-class: Write a short narrative about the following pastimes.

1. Kantahan gamit ang videoke
2. Paglalakad sa tabing-dagat
3. Kuwentuhan sa kanto

Speaking

On your own: Discuss with a partner your own favorite pastimes. Gusto mo ba ang mga ito? Ayaw mo ba ito? Bakit?

Small group/in-class: Discuss whether pastimes or amusements should be an important part of life. Make a list of possible activities in which everyone can participate.

Intercultural Connection

On your own: What is the usual rhythm of workdays and days off? How do these differ in highly industrialized countries like the United States and developing countries like the Philippines?

Small group/in-class: Share with the group your thoughts about workdays and days off. Draw images that represent these thoughts. Are these images culturally specific?

CULTURAL REFLECTION

What are some of the notable differences between pastimes in the Philippine culture and those in other cultures? What factors contribute to these differences?

ADDITIONAL ACTIVITIES

Crossword Puzzle
Solve the puzzle. Use the clues provided.

Across
4 cockfighting
5 movie
7 there
9 here (near the person speaking)
11 to watch
13 beach
15 to walk
19 to sew
20 to listen
21 to paint
22 drinking (alcohol)
23 mahjong

Down

1 marbles
2 basketball
3 to play
6 clothes
8 there (near the listener)
10 Dancing
12 there (far from both person speaking and person listening)
14 singing
15 to plant
16 book
17 amusement
18 gossip
19 to read

Q&A

Write appropriate questions for the answers listed below.

1. Nasa restoran na naman ang mga barkada.

2. Nanood ng sine sina Becky at Madison noong Sabado.

3. Pumunta ang buong pamilya sa salu-salo sa bahay ni Lola.

4. May sayawan at kantahan sa plasa para sa mga kabataan bukas ng gabi.

5. Maraming magagandang pelikula ngayong Linggo.

6. Maiingay ang mga tao sa sabungan.

7. Sa aklatan nagbabasa ng libro ang mga estudyante.

8. Naglalaro sina nanay at tita ng madyong tuwing Biyernes ng gabi.

9. Nagbabasketbol ang mga bata sa harap ng bahay ni Mang Ben.

10. Nagtanim ako ng mga gulay noong tag-init.

Writing

Use the words provided below to devise creative sentences. Include all the words and any markers or linkers needed. Share your sentences with class.

Nouns: bola, plasa, tag-init, tao, pagkain
Verbs: naglalaro, kumakain
Adjectives: marami, masarap

Sentence 1: _____

Nouns: libro, papel, aklatan, gabi
Verbs: nagbasa, nagsulat
Adjectives: mahaba, bago

Sentence 2: _____

Nouns: salu-salo, kaarawan, Ben
Verbs: magsasayaw, kakain, kakanta
Adjectives: masaya, magaling

Sentence 3: _____

Nouns: sinehan, magkaibigan, pelikula
Verb: nanood
Adjectives: malaki, maganda

Sentence 4: _____

Nouns: kaibigan, estudyante
Verbs: tumulong, gumawa
Adjectives: marami, magaling

Sentence 5: _____

Nouns: dagat, bundok, mga tao
Verbs: nagbabakasyon, namamasyal
Adjectives: malinis, mataas

Sentence 6: _____

Self-Reflection

Below are twenty qualities, accomplishments, amusements, and activities. Rank them based on what you value most (1 = value most, 20 = value least).

_____ oras para sa pamilya

_____ maging masaya

_____ mahaba at malusog na buhay

_____ maraming kaibigan

_____ matutong tumugtog ng piyano o gitara

_____ manood ng sine tuwing Sabado

_____ uminom kasama ang mga kaibigan

_____ kumain sa labas

_____ maraming nagmamahal

_____ gumawa ng paraan para masaya ang ibang tao

_____ magaling magbasa at magsulat

_____ tumulong sa ibang tao

_____ magsayaw at kumanta kasama ang mga kaibigan

_____ magpahinga

_____ marunong magdasal

_____ masaya sa trabaho

_____ nagbabakasyon

_____ mag-alaga ng mga hayop

_____ magtanim ng mga bulaklak at gulay

_____ tumulong para maalagaan ang kapaligiran

Extension Writing

Write down what your ranking of values tells you about yourself.

_____
_____
_____
_____
_____
_____
_____
_____
_____
_____
_____

12 Buhay sa Bukid
Life in the Country

OBJECTIVES

- Conjugate and use the *magpa* and *pa–in/pa–an* verbs in complete sentences.
- Discuss and describe the ways and attitudes of small town living in the Philippines.
- Expand sentences using *kung* and *kapag*.

OPENING PHOTOS

Bahay kubo

Bukid sa Camiguin, isang Islang malapit sa Mindanao

On your own: When you think of the terms *bukid*, *probinsiya*, *barrio*, and *palayan*, what images, feelings, fears, thoughts, and ideas come to mind? Isulat sa ibaba.

Images	Feelings	Fears	Thoughts	Ideas

Small group/in-class: Share your images, feelings, and so on, with others. Create a mural depicting life in the *barrios* based on them. Share it with the class.

♪ **Glossary**

pulo – island
kapatagan – plains
lambak – valley
bundok – mountain
burol – hill
bulkan – volcano
ilog – river
karagatan – ocean/seas
lawa – lake
bukid – rice field
halaman – plants
puno – tree
magsasaka/magbubukid – farmer
trabaho – employment
palay – unhusked rice
kanin – cooked rice
bigas – uncooked rice
kalabaw – carabao (water buffalo)
mga hayop – animals
probinsiya/lalawigan – province
palayan – rice field
barrio – small village

magtanim – to plant
mag-ani – to harvest
mag-abono – to fertilize
magdilig – to water plants
mag-alaga – to care for
magtinda – to sell
bumili – to buy

magpa-ani – to have someone harvest (a crop)
magpa-abono – to have someone fertilize (plants)
magpa-alaga ng hayop – to have someone care for animals

magpaluto – to have someone cook
magpalinis – to have someone clean
magpatuyo – to dry something
magpabili – to have someone buy

CULTURAL NOTE: BUHAY SA BUKID

As a contrast to the Philippines' new urban culture, this chapter recounts some traditional elements of rural life, including community relationships, agricultural cycles, and diet.

Despite recent urbanization in the Philippines, nearly 40 percent of the country's population still lives in rural communities. Although over half of the inhabitances are below the poverty line, earning roughly two dollars a day, and engage in incredibly arduous occupations, rural life in the islands offers a rich and rewarding experience. The values of hard work, peaceful existence, and *bayanihan* (sense of community) in the Philippine *bukid* have been depicted romantically in national literature and art for centuries. Despite the cosmopolitan allure of large cities, many Filipinos long for the pleasant simplicity of provincial life.

Ang buhay sa bukid frequently revolves around agricultural cycles. Planting, harvesting, wet and dry seasons, and the health of animals all deeply influence the worldviews and habits of rural Filipinos. Religious celebrations and folk beliefs are often tied to land and the desire for fertility. The Pahiyas harvest festival in Central Luzon, for example, pays homage to the patron saint of farmers, San Isidro de Labrador, with elaborately decorated homes and exhibitions of the finest products of the harvest. It is generally believed that these displays demonstrate profound gratitude to San Isidro and solicit further blessings as his statue is paraded through the town in a jubilant procession.

Two of the most celebrated aspects of rural life in the Philippines are an abundance of fresh foods and a slow-paced, peaceful, and intimate relationship with the environment and one's neighbors. With a moist tropical climate, the Philippine islands naturally produce a tremendous variety of fruits and vegetables. Most rural Filipino families carefully cultivate fruit trees and vegetable gardens to augment their diets and incomes. The products of these plants provide a constant supply of rich organic foods and give rural cuisine a distinctly fresh texture and taste. Enhanced by native vinegars, fermented fish pastes (*bagoong*), and locally raised meat and fish, provincial cooking is certainly one of the most desirable aspects of life in the *bukid*.

Rural communities typically consist of a number of families or clans that have worked the land for generations. Their relationships with one another through blood and marriage create an atmosphere of inclusiveness and kinship. Far from the anonymity experienced in large cities, rural inhabitants find themselves in a multistranded web of familial and friendship networks. Relatives, friends, and neighbors often work, play, study, and celebrate together throughout their lives. One knows and is known by virtually all other members of the community. While rifts and disputes are certainly not uncommon, members of rural communities generally enjoy a reliable support system that buoys them throughout their lives.

GUIDED CONVERSATION

On your own: Read, listen to, recite, and then translate the dialog below. Share your translation with a partner.

♪ **Usapan ng mga Magsasaka**

Magsasaka 1: Alas sais ng umaga ako pupunta sa bukid para mag-abono.
Magsasaka 2: Hindi pa dumarating ang mga abono ko kaya bukas pa ako magpapa-aabono.
Magsasaka 3: Nagpa-abono na ako kahapon. Magpapalinis na lang ako ng mga traktor mamaya para handa kung kakailanganin.
Magsasaka 1: Sana maganda ang panahon para matapos na rin ako.
Magsasaka 2: Sana darating na ang mga abono ko kasi kung hindi dumating baka hindi ako matapos ngayong Linggo. Magpapatulong ako sa inyo kung may oras kayo.
Magsasaka 3: Huwag kang mag-alala darating din ang mga ito. Kung hindi pa dumating bukas, papahiramin kita ng mga kailangan mo.
Magsasaka 1: Ako din. May natira akong abono sa bahay kung kailangan mo.

Small group/in-class: Act out the following roles. Simulate different conversations that might occur in the *barrio*.

1. nanay
2. tatay
3. lolo
4. lolo
5. kapitbahay
6. magsasaka
7. may-ari ng bangko
8. may-ari ng tindahan ng mga abono
9. mga anak

Listening and Writing

On your own: Read, listen to, and translate the song below. Go to http://www.seasite.niu.edu/Tagalog/filipino_tapestry.htm. Then read your translation to others.

Magtanim Hindi Biro
Magtanim hindi biro
maghapong nakayuko
'Di naman makatayo
'Di naman maka-upo

Small group/in-class: Rewrite the song with new words, especially verbs. Create and reproduce a new rhythm for the new song.

GRAMMAR: MAGPA AND PA–IN/PA–AN VERBS

On your own: Study the conjugation patterns of both affixes. Apply the patterns with verbs listed in the glossary.

Meaning and Use

Magpa is an actor focus affix. *Pa–in/pa–an* are the object focus counterparts of *magpa*. They are all used with verb roots and indicate an action done to another person or a request for action directed at someone or something else.

> **Learner's Tip**
> These verbs are causative; that is, they cause a request or action.

Form

Both affixes are used in different aspects or tenses. The conjugation patterns below signify the changes in these aspects.

	Actor Focus	Object Focus
Command/infinitive	*mag* + root	*pa* + root +*an/in*
Completed (past)	*nag* + root	insert *in* before *a* in *pa* + root + *an* (for verbs that will take *an*)
		insert *in* before *a* in *pa* + root (for verbs that will take *in*)
Incompleted (present)	*nag* + repetition of or for first syllable of root or *pa* + root	insert *in* before *a* in *pa* + repetition of the first syllable of the root + root + *an*
		insert *in* before *a* in *pa* + repetition of the first syllable of the root + root
Contemplated (future)	*mag* + repetition for first syllable of root or *pa* + root	*pa* + repetition of the first syllable of the root + root +*in/an*

> **Learner's Tip**
> *Kung* is the subordinator "if/when." *Kung* is also used interchangeably with *kapag*.
> Halimbawa
>   *Kung* maraming trabaho sa bukid, kailangang magpatulong sa iba.

Magpalinis – to have someone clean

	Actor Focus	Object Focus
Command /infinitive	magpalinis	palinisan
Completed (past)	nagpalinis	pinalinisan
Incompleted (present)	nagpapalinis	pinapalinisan
Contemplated (future)	magpapalinis	palilinisan

Small group/in-class: Fill in the blanks with the correct verbs in the correct aspect/tense and focus. The markers of the nouns or pronouns used in lieu of the nouns will help you determine the focus.

1. _____ (ask someone to plant) ako kay Ben ng mga gulay at bulaklak sa bukid.
2. _____ (to give food to another) kami ng mga nagtratrabaho sa bukid.
3. _____ (to ask someone to care for animals) si Mang Tony ng baboy sa kapatid niya.
4. _____ (to ask someone to buy) si nanay ng toyo at mantika kay Ben.

Writing

On your own: Gumawa ng isang poster na nagpapakita ng wastong pangangalaga sa ating mga likas na yaman. Gamitin ang mga iba't-ibang bagay.

Small group/in-class: Gumawa ng mga Poster tungkol sa mga sumusunod.

1. Magtanim ng mga puno at halaman sa bakanteng lote at bakuran.
2. Huwag magtapon ng basura.
3. Mag-recycle
4. Magtanim ng mga gulay kung may malaking bakuran

Reading

On your own: Basahin ang sanaysay tungkol sa buhay ni Mang Lito sa bukid. Isalin sa Ingles ang mga salitang naka-bold at naka—italics at gamitin ito sa sariling pangungusap.

♪ Buhay ni Mang Lito sa Bukid

Magsasaka si Mang Lito sa barrio Bangar. Nakatira ang pamilya niya sa isang magandang bahay kubo sa bukid. Maraming halaman ang kanilang bakuran. Malinis at tahimik ang kanilang paligid. Maraming gawain ang pamilya niya sa bukid. Nagpapagising siya sa kaniyang asawa ng alas kuwatro ng umaga para pakainin ang mga alagang hayop. Kung maraming trabaho, tumutulong ang buong pamilya. Pagkatapos ng almusal pumupunta ang buong pamilya sa bukid para magtrabaho. Kung maraming gawain sa pagtatanim, nagpapatanim siya sa mga kabataan sa barrio. Tuwing Sabado, nagpapatulong siya sa mga anak sa lahat ng gawain sa bukid. Nagtitinda sila ng mga gulay at prutas sa palengke. Mahirap ang trabaho sa bukid ngunit masaya naman si Mang Lito at ang kanyang pamilya.

Small group/in-class: Sagutin ang mga sumusunod na tanong.

1. Magsasaka ba si Mang Lito?
   _____

2. Saan siya nakatira?
   _____

3. Marami bang halaman ang kanilang bakuran?

4. Anong oras siya nagpapagising sa kanyang asawa?

5. Ano ang ginawagawa niya sa umaga?

6. Saan pumupunta ang pamilya pagkatapos ng almusal?

7. Nagtitinda ba sila ng mga gulay at prutas?

8. Saan sila nagtitinda?

9. Masaya ba si Mang Lito sa buhay sa bukid?

10. Gusto mo bang tumira sa barrio? Bakit?

ASSESSMENT

Grammar

On your own: Write a brief summary of this chapter's grammar lesson. Formulate your own patterns in forming *magpa* and *pa–in/pa–an* in the different aspects. Write down any new strategies for remembering these patterns that might be helpful to other learners. What is least clear to you this week?

Small group/in-class: Transpose the following sentences into their object focus forms.

1. Nagpapakain ng mga baboy ang mga anak ni Mang Tony.
2. Magpapa-ani sina Mang Nilo at Mang Isko sa mga kabataan sa tag-init.
3. May sakit ang aso niya. Nagpagamot siya sa kanilang Vet (Doktor ng hayop).
4. Nagpalinis ng bakuran si nanay sa mga anak noong Sabado.
5. Magpapatanim sila ng mga palay sa mga kabataan sa susunod na Linggo.

Transpose the following sentences into their actor focus forms.

1. Pina-ayos nila ang kanilang traktor sa mekaniko sa bayan.
2. Pinagagamot niya ang mga hayop na may sakit kay Dr. Santos.
3. Pinakain ni Aling Tess ang mga nagtanim ng palay sa bukid.
4. Pinatuyo ang palay sa daan.
5. Magpapabili si Mang Greg ng mga sisiw sa kanilang kapitbahay.

Speaking

On your own: You live in the country, in a small town or on a farm. In Filipino write different scenarios that might occur in these places.

Small group/in-class: Write dialog lines in Filipino for the scenarios you created on your own.

Writing and Speaking

On your own: Think of ten *magpa* or *pa–in/pa–an* verbs in any aspect or tense and use them in sentences. Dictate these sentences to a partner and ask him or her to write them down.

Small group/in-class: Use the following words and phrases to write a narrative about life in a small town. Isulat at basahin sa klase.

1. malinis
2. magtanim ng mga gulay
3. maagang gumising
4. mabait na kapitbahay
5. malayo sa bayan
6. magpalinis
7. maganda
8. maraming trabaho
9. maliit
10. maraming traktor
11. hindi mabilis ang buhay
12. magpa-alaga
13. tahimik
14. hindi matao
15. maraming hayop
16. sariwa
17. magpatanim
18. magpa-ani

Reading

On your own: Sagutin ang mga sumusunod na tanong.

1. Nakatira ka sa bukid, may sakit ang isa sa mga hayop ninyo, ano ang gagawin mo?

2. Kung pipili ng mga hayop na aalagaan, ano ito? Bakit?

3. Kung isa kang magsasaka at marami kang lupa para sa gulay, ano ang itatanim mo? Bakit?

4. Kung kailangan mong magpatulong sa pagtatanim, kanino ka magpapatulong at magkano ang ibabayad mo sa isang araw? Bakit?

5. Kung ilalarawan mo ang buhay sa bukid sa isang salita, ano ito? Bakit?

Small group/in-class: With a partner, take turns reading and answering the questions above.

Intercultural Connection

On your own: Ano ang kabutihan ng buhay sa bukid? Mabuti ba ito sa mga pamilya? Gusto mo ba ang buhay sa bukid? Bakit?

Small group/in-class: Discuss with your group the images, feelings, fears, thoughts, and ideas that came to mind when you saw the opening photo. Share your opinions and debate stereotypes and different perspectives.

CULTURAL REFLECTION

What are the similarities and differences between small town, countryside, and farming life in the West and the Philippines?

ADDITIONAL ACTIVITIES

Crossword Puzzle
Solve the puzzle. Use the clues provided.

Across

1 hill
5 to water plants
6 cooked rice
8 river
9 Philippine water buffalo

11 rice field
12 volcano
15 to sell
17 island
20 to harvest

23 farmer
26 to have someone harvest
29 to have someone fertilize (plants)
30 to have someone clean

Down

1 rice field
2 animal
3 uncooked rice
4 lake
7 plants
10 mountain
12 small village

13 valley
14 to care for
16 to buy
17 tree
18 to fertilize
19 to plant
21 to have someone cook

22 ocean or sea
23 to dry something
24 work
25 to have someone buy
27 unhasked rice
28 province

Writing

Observe the weather at the same time every day for a week. Keep track of your observations in Filipino on the daily log below. When the school week is over, summarize your observations.

Lunes	Martes	Miyerkoles	Huwebes	Biyernes

_____
_____
_____
_____
_____
_____
_____
_____
_____

Q&A

Answer the "if" questions below.

1. Kung sa bukid ka nakatira, anong hayop ang aalagaan mo? Bakit?
   _____

2. Kung magbabakasyon ka sa bukid, ano ang gagawin mo? Bakit?
   _____

3. Kung malapit ka sa isang ilog, mangingisda ka ba? Bakit
   _____

4. Kung magtatanim ka ng mga gulay, anu-ano ang itatanim mo? Bakit?
   _____

5. Kung nakatira ka sa bukid, anong oras ka gigising at matutulog? Bakit?
   _____

"Doon Po sa Amin"

In the song below, fill in the blanks with appropriate nouns and verbs. Memorize and sing or chant your lyrics in class.

Doon Po sa Amin

Barrio ng _____

May nagkatuwaan

Apat na _____

_____ ang _____.

_____ ang _____.

_____ ang _____.

_____ ang _____.

Grammar

Describe what happened before and after the situation depicted in the photos on the next pages.

Kalabaw at Magsasaka

Kusina sa bukid

13 Buhay sa Siyudad
Life in the City

OBJECTIVES

- Use *maging* and *gusto* in simple sentences.
- Use adjectives to describe life in Philippine cities.
- Differentiate urban and rural lives in the islands.
- Describe urban life in the Philippines and differentiate it from city life in other countries.

OPENING PHOTOS

Kalye sa Maynila

Bahay sa Maynila

On your own: Anu-ano ang mga mabuti at hindi mabuti sa buhay sa siyudad? Bakit?

Mabuti	Hindi Mabuti

Small group/in-class: Use the following diagram to write down similarities and differences between living in the city and the country.

♪ Glossary

buhay sa siyudad – life in the city
buhay sa bukid – life in the country/on a farm
maingay – noisy
polusyon – pollution

mausok – smoggy
maraming tao – many people
marumi – dirty
malinis – clean
matrapik – lots of traffic
mayaman – wealthy
mahirap – difficult or poor
mahal na bilihin – expensive goods
masaya – happy
malungkot – sad
maingay – noisy
mataas na gusali – tall buildings
maraming trabaho – many jobs
walang trabaho – absence of employment

tindahan – store
opisina – office
pabrika – industrial buildings
gusali – building
industriya – industry
mga trabaho sa siyudad – jobs in the city
guro – teacher
sekretarya – secretary
pulis – police
dyanitor – janitor
mangangalakal – businessperson
pangulo – president/head official
pangalawang pangulo – vice president
trabaho sa opisina – office work
trabaho sa pabrika – industrial job
trabaho sa gobyerno – government job
trabaho sa pribadong ahensiya – job with a private agency/company

CULTURAL NOTE: BUHAY SA SIYUDAD

Since 1980 the Philippines' urban population has doubled. Metro Manila boasts a population of over 11.5 million and nearly 20 million when the outlying suburbs are included. For millions of Filipinos the quiet, familiar atmosphere of provincial life has given way to a fast-paced, competitive, and often exhausting urban existence. Most city migrants gravitate to urban centers for the financial prospects. With the advent of accessible globalized markets, many Filipinos aspire to less labor intensive and higher paying occupations. Multinational corporate call centers and factories, travel and tourism, and a burgeoning retail industry all suggest the possibilities of financial gain. These opportunities, however, come with certain sacrifices. Despite the economic opportunities, nearly 30 percent of Manila's households fall below the poverty threshold of ten thousand pesos (approximately two hundred dollars) per month for a family of five. Basic survival in large urban centers often requires inhabitants to endure meager living conditions, a poor diet, long workdays, and the risks of increased crime. For those with sufficient funds, however, urban life can be an exciting and cosmopolitan experience.

As the hubs of modern culture, Filipino cities pride themselves on an array of international restaurants and retail stores. Starbucks, Pizza Hut, Dunkin' Donuts, McDonalds, and many other global franchises compete for Filipino patrons. Though far from serving traditional island cuisine in many cases, these establishments provide a sense of prestige and cosmopolitanism for city dwellers. The same is true for retail shopping. Malls have gained tremendous popularity in Philippine cities in recent decades. Theaters, salons, restaurants, and shops all teem with Filipino clients looking to participate in a modern collage of commercial activity.

Population density in urban centers can also influence relationships and social interactions. With very little space to call one's own, city dwellers often find themselves in constant close proximity to the people around them. When riding public transportation, sitting in a restaurant, shopping, or even standing in line, physical contact and competitive positioning are commonplace. Similarly, with the inevitable individual anonymity found in urban centers, many traditional Filipino social customs such as *bayanihan* (sense of community), *ligawan* (courtship), and *hiya* (shame) have given way to individualism and informality. In Makati, for example, it is typical to find recently acquainted men and women discussing episodes of *Sex and the City* while enjoying a casual dinner date at Pizza Hut or a latte at Starbucks.

GUIDED CONVERSATION

On your own: Read, listen to, and recite the following conversation. Underline unfamiliar words. Translate the dialog lines into English.

♪ Mga Estudyante

Estudyante 1: Noong bata ako, gusto kong tumira sa bukid. Ngayong nasa kolehiyo na ako, gusto kong maging doktor na nakatira sa siyudad!

Estudyante 2: Ako naman, hindi ko pa alam kung ano ang gusto ko. Minsan gusto kong maging inhinyero pero kung minsan naman gusto kong maging magsasaka at bumalik sa bukid.

Estudyante 3: Ay naku! Ako praktikal. Gusto kong maging mayaman at maging pilantropo sa bayan. Maraming problema sa bayan at gusto kong maging ahensiya ng pagbabago.

Estudyante 1: O sige, kapag naging doktor ako, sasama ako sa mga gawain mo para makatulong naman ako.

Estudyante 2: Kung kailangan mo naman ng inhinyero sa mga proyekto mo. Nandito lang ako.

Estudyante 3: Nasa atin talaga ang pag-asa ng bayan. Maging mayaman man tayo o hindi, kailangan pa rin nating tumulong sa bayan!

Estudyante 1: Ay naku, alas dose na pala. Magkita na lang tayo muli bukas!

Small group/in-class: Conduct "you interviews." Ano ang gusto mong malaman sa mga kagrupo mo? Gamitin ang "template" sa ibaba para isulat ang mga tanong. Have a group member stand up while the others ask him or her their interview questions. Continue until every member of the group has been interviewed.

Pangalan:

    1. Unang Tanong _____

    2. Pangalawang Tanong _____

    3. Pangatlong Tanong _____

Pangalan:

    1. Unang Tanong _____

    2. Pangalawang Tanong _____

    3. Pangatlong Tanong _____

Pangalan:

    1. Unang Tanong _____

    2. Pangalawang Tanong _____

    3. Pangatlong Tanong _____

Pangalan:

    1. Unang Tanong _____

    2. Pangalawang Tanong _____

    3. Pangatlong Tanong _____

Writing

On your own: Make a list of words or phrases that describe or are associated with the following places and persons in the city.

    1. ospital

_____

2. klerk sa bangko

3. guro

4. bangko

5. inhinyero

6. dyanitor

7. otel

8. malaking tindahan (mall)

Learner's Tip
You can use an attribute web organizer instead of the lines provided above.

Small group/in-class: Read the words or phrases that you wrote in the above exercise. Write a short description of each using the individual description, associated words, or phrases. Have other groups read your work.

GRAMMAR: MAGING (TO BE OR TO BECOME)

On your own: Study the meanings, use, and forms of *maging*. Review its past (completed), present (incompleted), and future (contemplated) aspects.

Meaning and Use

1. *Maging* expresses a change from one state or condition to another. It means "to be" or "to become."
2. It is used with a noun or adjective.

Form

Maging + noun or adjective

> Maging + masaya – to become happy
> Maging + guro – to be a teacher

Maging can also be conjugated in the past, present, and future. Only *maging* is conjugated. Do not conjugate the adjective or the noun plus adjective.

> Command/Infinitive: maging masaya
> Past: naging masaya
> Present: nagiging masaya
> Future: magiging masaya

Learner's Tip
Review gusto! *Gusto* can be used with verbs in its infinitive form or it can be paired with a *maging* phrase! Combine and see all the possibilities!
Halimbawa
> Gusto kong maging pangulo.

Small group/in-class: Translate and use the following phrases in sentences.

1. Maging doktor
2. Naging maingay
3. Magiging masaya
4. Naging guro
5. Nagiging mabait
6. Nagiging madilim
7. Nagiging masipag
8. Naging malungkot
9. Maging malusog
10. Magiging mausok

ASSESSMENT

Grammar

On your own: What grammatical patterns did you learn in this chapter? Formulate your own patterns. Which grammatical structure is least clear to you?

Small group/in-class: Conjugate (if necessary) the *maging* phrases into the correct aspect and then rewrite the sentences.

1. *Maging mabait* ang mga anak niya kung babalik at uuwi sila sa lalawigan.

   _____

2. Matatapos na siya sa kolehiyo. *Maging doktor* siya ng mga bata sa Ospital ng Maynila.

   _____

3. Marumi ang mga gusali sa siyudad at kailangan ang mga maglilinis ng mga ito. *Maging dyanitor* siya sa gabi habang mag-aaral siya sa kolehiyo sa susunod na taon.

   _____

4. Maraming tao at krimen sa siyudad. Nag-aaral si Ben ngayon sa Philippine College of Criminology. Gusto niyang *maging pulis* sa Maynila.

   _____

5. Nag-aral si Antonia sa Asian Institute of Management. Gusto niyang *maging pangulo* ng bangko sa Makati.

   _____

Learner's Tip
Review the uses of *kailangan*. It is used like *gusto*. It means "should." The actor in your *kailangan* sentences is never focused.

Halimbawa
   Kailangan kong maging malusog.
   Hindi kailangan ni Ben bumili ng sasakyan.

Writing

On your own: What do you think? Using the table below, copy and make question cards. Write possible answers on a separate piece of paper. Pair up with a partner. Shuffle the cards face down. Take turns picking cards and sharing answers with your partner.

Kailangan bang pumunta sa siyudad para mag-aral sa kolehiyo?	Kailangan bang magtrabaho lahat sa siyudad?	Kailangan bang magtanim ang mga tao ng puno sa siyudad?
Kailangan bang bumili ng mga sasakyan ang mga tao sa siyudad?	Kailangan bang maging malinis ang paligid ng mga lugar?	Kailangan bang maging malusog ang mga tao?
Bakit hindi maayos ang trapik sa Maynila?	Bakit marumi ang paligid sa siyudad?	Paano magiging sariwa ang hangin sa siyudad?

Small group/in-class: Use the following organizer to list words and phrases related to the following scenarios.

1. Nag-uusap ang mga estudyante sa Unibersidad o Dalubhasaan sa Maynila para sa gaganaping "Student Leadership Convention."
2. Matrapik sa daan. Huli na si Ginoong Jacinto sa kanyang "business meeting." Kausap niya ang sekretarya sa telepono.

Sino?	Ano?	Kailan?	Saan?	Bakit?

Reading and Speaking

On your own: Read and listen to the poem below. Underline unfamiliar words and write their English counterparts. Iguhit ang mga nilalarawan ng tula. Read the poem aloud with a partner. Have fun!

♪
Siyudad

Busina ng traysikel!
Busina ng mgaDyip!
Busina ng Bus!
Busina ng mga taksi!

Tao dito, Tao doon!
Lakad dito, Takbo doon!
May mga estudyante sa kanto!
May mga nagtratrabaho sa kalye!

Pandesal! Ang sigaw ng panadero!

Sumakay na! Ang sigaw ng mga nagmamaneho!
Para mama! Ang sigaw ng mga pasahero!
Dyaryo! Balita! Ang sigaw ng mga tindero!

Kung minsan matrapik.
Kung minsan tahimik.
Pero palaging mausok.
at palaging may taong pumapasok.

Maraming gawain.
Maraming kainan.
Maraming gusali.
Maraming paaralan.

Buhay sa siyudad
walang kasintulad!
Halina at makita
At talagang naiiba!

Small group/in-class: Sabayang Bigkas (Speech Choir)—Basahin ang tula nang sabay-sabay. Ipalabas ito sa buong klase. Magsulat ng tula (free verse) tungkol sa isa sa mga siyudad sa ibaba. Maghanap ng impormasyon sa Internet tungkol sa mga lugar na ito.

1. New York City sa Amerika
2. Chicago sa Amerika
3. Makati sa Pilipinas
4. Davao City sa Pilipinas
5. Dubai sa United Arab Emirates
6. Paris sa France

Intercultural Connection

On your own: Have you been to a foreign city? Ano ang pinagkaiba ng mga ito? Bakit naiiba? Gusto mo bang tumira sa siyudad? Bakit?

Small group/in-class: Pag-usapan muli ang pinagka-iba ng buhay sa bukid/barrio at sa buhay sa siyudad. Share what you think about the pros and cons of living in a city with your group. Conduct a mini-intellectual debate!

CULTURAL REFLECTION

How can people help solve the problems (air pollution, violence, lack of clean water, traffic congestion, lack of waste management, etc.) of urban dwelling, especially in countries like the Philippines?

ADDITIONAL ACTIVITIES

Crossword Puzzle

Solve the puzzle. Use the clues provided.

Across

2 difficult or poor
5 smoggy
6 president/head official
7 office
8 expensive
9 dirty
12 secretary
15 happy
16 store
18 janitor
20 wealthy
21 life
22 many
23 city
24 vice president

Down

1 teacher
3 police
4 building
5 many people
6 industrial buildings
10 businessperson
11 lots of traffic
13 industry
14 noisy
17 pollution
19 clean

Buhay sa Siyudad **175**

Pictures and Narrative

Answer the questions about the pictures below.

1. Saan siya pupunta?
   _____

2. Saan siya sumakay?
   _____

3. Nagtratrabaho ba siya?
   _____

4. Sino ang nag-aalaga sa mga anak niya?
   _____

5. Buhay ba ito sa siyudad?
   _____

Write a short narrative describing the character's trip.

_____

_____

_____

_____
_____
_____
_____
_____
_____
_____
_____
_____
_____
_____
_____

Before and After

Write down acts that could occur before or after the situations described.

1. Kumakain ang mga manggagawa.

    Bago: _____

2. Nagtrabaho siya mula alas otso ng umaga hanggang alas singko ng hapon.

    Pagkatapos: _____

3. May salu-salo sa "apartment" ni Imelda. Nagsasayawan at nagkakantahan ang lahat.

    Bago: _____

4. Walang pasok sa trabaho sina Tony at Noni.

    Pagkatapos: _____

5. Namimili ang pamilya ng mga gamit sa Mall of Asia sa Maynila.

    Bago: _____

Dialog

Fill in the missing dialog lines.

Magkaibigang nagbabakasyon sa Manila

A: Ang ganda pala ng Luneta!

B: _____

A: Hindi ko alam na malapit pala ito sa Manila Bay.

B: _____

A: _____

Sa kanto habang naghihintay ng bus

A: _____

B: Sa Makati ako nagtratrabaho.

A: Ano ang trabaho mo?

B: _____

A: _____

B: O sige, sana magkita muli tayo bukas. Ingat ka!

Writing
Make a list of things, people, and activities you might see in a big city.

_____
_____
_____
_____
_____
_____
_____
_____
_____
_____
_____
_____
_____
_____
_____

14 Tradisyon
Traditions

OBJECTIVES

- Use *huwag* and *hindi* in sentences.
- Describe the traditions of the Philippines.
- Identify some Filipino superstitions.
- Discuss the differences between Filipino traditions and those of other cultural groups.

OPENING PHOTO

Bayanihan ni Joselito E. Barcelona, 1993

On your own: Anu-ano ang tradisyon ng pamilya mo? Isulat ang mga ito sa ibaba.

Small group/in-class: Basahin ang mga tradisyon ng pamilya mo sa grupo. Pag-usapan at pag-aralan ang pagkakaiba at pagkakatulad ng mga ito. I-ulat ito sa buong klase.

♪ Glossary

pamahiin – superstitions
paniniwala – beliefs
kasabihan ng mga matatanda – old people's tale
huwag – do not
hindi dapat – should not
papasukin ang biyaya – bestowal of blessings
malas – bad luck
suwerte – good luck
pagkawala ng suwerte – departure of good luck
magsabog ng asin – throw salt
maghatid ng kasaganaan – to bring wealth
ipihit ang plato – turn plate around
natinik ng buto ng isda – have a fish bone caught in ones' throat
mangkukulam – witch
masamang espiritu – bad spirits

kalapati – dove
bagong pitas na prutas – newly picked fruits
huwag maligo – do not bathe
huwag magwalis – do not sweep the floor
huwag lisanin – do not leave
huwag ipagsabi – do not tell
huwag maglagay – do not place
huwag mag-iwan – do not leave (something)
surot – fleas
kanin – cooked rice
masamang espiritu – bad spirits
madilim – dark
gabi na – evening (already)
patulis ang hugis – pointed shape
naglilihi – conceiving
paglilihi – the act of conception
panganganak – the act of giving birth

CULTURAL NOTE: MGA PAMAHIIN (SUPERSTITIOUS BELIEFS)

The Philippines' folk beliefs are among the richest on earth. Though castigated by some critics who view tradition and secular modernity as incompatible, *mga pamahiin*, or Filipino superstitions, provide an intricate and remarkably elaborate cultural system for interpreting the seen and unseen worlds of the Philippines. From batlike monsters that feed on fetuses to mundane aspects of child care, *mga pamahiin* play a significant role in Filipino lives.

Perhaps the best-known aspect of Filipino superstitions is the belief in mythical creatures—the sea-dwelling *tsokoy*, tree-inhabiting *kapre*, and mischievous *dwende* for example. The most iconic and terrifying of these, however, is the flesh-eating *manananggal*, also sometimes referred to as *aswang*. A beautiful woman by day, the *manananggal* transforms into a hideous flying beast by night. The creature bifurcates her body at the waist and large batlike wings unfold from her back. She flies around the night skies looking for victims. Although anyone can fall prey to a *manananggal*, the creature takes special delight in consuming unborn fetuses, which she accesses via a sharp, elongated tongue that can penetrate a pregnant woman's belly. Despite her power, however, the *manananggal* can be destroyed through a variety of common items. Garlic (*bawang*), chili peppers (*sili*), vingar (*suka*), and holy water (*banal na tubig*) are supposed to have a deadly acidic effect on the *manananggal*'s body. In the provinces, Filipinos are sometimes encouraged to carry these items when walking at night. Sprinkling *bawang* and *sili* on the creature's stationary lower half will leave the beast without a landing place, eventually exposing her to the inevitable sunlight of morning, which is deadly.

Filipino lore is also full of kind and malevolent spirits that can assist or curse mortals according to their dispositions. Black magic (*kulam*) also carries a great deal of superstitious currency and is often blamed for unexplained sicknesses, deformities, or misfortunes. Special healers (*bilaan*), indigenous shamans that are usually female, can perform mysterious rites using amulets (*anting-anting*), potions, and animal parts to counteract curses (*sumpa*) and heal bewitched Filipinos. Great care is often taken not to offend anyone suspected of practicing *kulam*.

Pamahiin also expresses itself in the fastidious care afforded the body and children in Filipino society. The time of day and temperature of water when bathing are considered extremely important to one's health. Combing one's hair properly and at the right time are also important. It is commonly held that combing before bed can cause baldness. If it must be done, however, the comber should bite the end of the comb first. Filipino mothers are constantly protecting their children from unseen forces. Various herbs, such as ginger, garlic, and amulets made from *malungay* (a type of tree), are placed on children to protect them from malevolent spirits and to improve health. Children also wear images of various saints as protection.

GUIDED CONVERSATION

On your own: Basahin ang mga usap-usapan sa ibaba. Bigkasin (recite) ang bawat linya.

♪ Sa Bahay (Nanay at Anak)
Nanay: Anak, gabi na. Pumasok na kayo. Huwag na kayong maglaro sa labas.
Anak: Bakit po nanay?
Nanay: Madilim na at marami nang masamang espiritu sa labas.
Mga Anak: Tayo na. Baka maabutan pa tayo.

♪ Usapang Babae
Babae 1: Buntis pala si May.
Babae 2: Oo, patulis ang hugis ng tiyan. Sigurado ako babae.
Babae 3: Noong isang araw nga naghahanap ng maasim na mangga pero wala raw mabili si Billy sa palengke.
Babae 4: Pumunta ba siya sa tindahan ni Nena. Sigurado ako may mangga doon.
Babae 5: Pinagsabihan ko rin si Billy na kapag malapit nang manganak ang asawa, maglagay ng may sinding kandila sa ilalim ng kanyang kama upang makita ang mga nagdadaang bruha.

Small group/in-class: Magsulat ng mga maiikling usapan tungkol sa mga sumusunod.
May salu-salo sa bahay ni Lola. Inimbita mo ang kaibigan mong Amerikano. Marami siyang hindi alam tungkol sa tradisyon ng mga Pilipino sa pagkain at hapag kainan.

GRAMMAR: HUWAG AND HINDI

On your own: Review verbal aspects. Verbs can be inflected for aspect, kind of action, and focus. There are four aspectual forms of the verb: neutral (infinitive), completed (past), incompleted (progressive), and contemplated (future).

Meaning
Aspect indicates, by means of verbal inflection, whether the action has begun or not, and if begun, whether it has been completed or if it is still continuing. Verbal inflection includes affixation and/or reduplication (i.e., repetition of parts of the affix or base).

Form
The three aspects of the verbs are (1) completed, for action begun and terminated; (2) contemplated, for action not begun; and (3) incompleted, for action begun but not yet completed or action still in progress. The form of the verb that does not imply any aspect or is not inflected for aspect is neutral or in the infinitive form. The closest equivalent in English to the completed aspect is the past tense, the contemplated aspect corresponds to the future tense, and the noncompleted aspect corresponds to the progressive tense.

The processes involved in the verbal inflection to indicate aspect differ according to the affix taken by the verb.

Small group/in-class: Study the following uses, meanings, and forms of *hindi* and *huwag*. Formulate your own patterns. Write five to ten sample sentences after each discussion.

Meaning and Use
Hindi marks negative statements in the past (completed), present (incompleted), and future (contemplated).

Form
Hindi negates verbs and is placed before them. If the actor is indicated by a pronoun, *hindi* comes before the pronoun/actor. The pronoun is followed by the verb. The verbs can be in any aspect.

Halimbawa
    Hindi naglaro ang mga bata sa labas kagabi kasi baka may masamang espiritu.
    Hindi siya nagwawalis sa gabi kasi malas.

Meaning and Use
Huwag marks the verb in an infinitive/command to indicate the opposite, that is, the negative.

Form
Huwag negates the command word in any focus (object or actor verb) and is placed before this word. However, if the actor is indicated by a pronoun, *huwag* comes before the pronoun/actor

and the pronoun is followed by the verb. The verbs are always in the infinitive/command form. Verbs are not in any aspect.

Halimbawa

> Huwag maligo sa gabi kasi magkakasakit ka.
> Huwag buksan ang pinto kung kamakain baka mawala ang suwerte ng pamilya.

Reading

Filipinos have a number of folk beliefs about life, family, luck, wealth, and so on. The Filipino terms for folk beliefs and superstitions are *paniniwala* (beliefs), *kasabihan ng mga matatanda* (what the old people say), and *pamahiin* (superstitions). The collection of folk beliefs below are written in Filipino with appropriate translations in English. The primary source of this collection is Neni Sta. Romana-Cruz's *Don't Take a Bath on a Friday: Philippine Superstitions and Folk Beliefs* (Manila: Tahanan Books, 1996).

On your own: Basahin ang mga sumusunod na paniniwala o kasabihang matatanda. May paniniwala ka bang katulad ng mga ito? Have fun reading as you learn about and reflect on these folk beliefs.

Sa Bahay

Mga Dapat at Di Dapat Gawin (Dos and Don'ts) sa Bahay

- Kung nais mong maalisan ng mga surot sa iyong bahay, maglagay ka ng ilan sa isang papel at iwan mo ito sa bahay ng sinuman. Ang mga surot ay lilipat sa bahay na iyon. (If you want to rid your house of bedbugs [fleas], place some on a piece of paper and leave them in someone else's house. The bedbugs will move to that house.)
- Kung gusto mong umalis agad ang mga bisitang hindi kanais-nais sa iyong bahay, patago kang magsabog ng asin palibot sa iyong bahay at sila ay agad na aalis. (If you wish to rid your home of unwanted visitors, secretly sprinkle salt around the house and they will soon depart.)
- Ang isang bisita ay hindi dapat umalis ng isang bahay habang ang pamilya doon ay kumakain pa, dahil ang pagbubukas ng pinto ay magiging sanhi ng pagkawala ng lahat ng magandang swerte ng pamilya. (A guest should not leave the house while the family is eating because opening the door will let out all the family's good fortune.)
- Ang lahat ng bintana sa bahay ay dapat bukas sa Araw ng Bagong Taon upang papasukin ang biyaya ng Diyos. (All windows in a house should be opened on New Year's Day to let God's grace in.)

Mga Palatandaan at Pahiwatig (Signs and Omens)

- Kapag nakakita ng mga bubuyog sa loob ng bahay, ito ay maghahatid ng kayamanan at swerte sa mga naninirahan. (Bees found inside the house will bring fortune and good luck to its occupants.)
- Kapag ang mga kalapati ay lumisan mula sa isang bahay, ito ay tanda ng kawalan ng pagkakaisa at harmonya doon, dahil ang mga nakatira doon ay laging nag-aaway. (When doves and pigeons leave a house, it is a sign that there is no harmony there because its owners quarrel all the time.)

Sa Hapag Kainan (Dining Table)
Mga Dapat at Di Dapat Gawin (Things to Do and Not Do)

- Kung kailangang lisanin ang mesa bago ka matapos kumain upang maglakbay, kinakailangang ipihit ang mga plato sa mesa upang maging maluwalhati ang iyong paglalakbay. (If you have to leave the table before finishing your meal in order to go on a trip, turn around the plates on the table so your trip will be safe.)
- Huwag maglagay ng pera sa ibabaw ng mesa habang kumakain. (Do not put money on the dining table while eating.)
- Ang bilang nga mga taong nakaupo at kumakain sa mesa ay hindi dapat umabot sa labingtatlo. (The number of persons sitting down for a meal should not add up to thirteen.)
- Kapag nagluluto, mag-iwan ng kaunting butil ng bigas sa sako at itali ito nang mahigpit. Sa gayon ang iyong mga bisita ay hindi uubusin agad ang iyong inihaing mga pagkain. (When cooking, leave a few grains of rice in the sack and tie it tightly. This way, your guests will not consume all the food at once.)
- Kapag ikaw ay nag-iwan ng kaunting kanin sa kaldero, magkakaroon lagi ng makakain sa loob ng iyong pamamahay. (If you leave some rice in the pot there will always be something to eat in the house.)
- Kapag ikaw ay natinik sa pagkain ng isda, huwag mong ipagsabi kahit kanino; iyong ipihit ang plato ng makatlong ulit at ang tinik ay mawawala. (If a fish bone gets stuck in your throat, don't tell a soul; turn your plate around three times and the bone will disappear.)
- Mabuting gumamit ng plato sa pagsilbi ng pagkain sa iyong mga bisita. Ang pagpapala ng iyong mga bisita ay mananatili sa mga plato at magiging pagpapala sa iyong pamilya. (It is good to use plates when serving food to your guests. The grace of your guests will remain on the plates and be a blessing to your family.)
- Kapag ang isang estranghero o malayong kamag-anak ay dumating sa iyong tahanan, painumin mo muna siya ng tubig upang siya ay maghatid lamang ng mabuting balita. (When a stranger or distant relative arrives in your home, serve him water first so that he brings you only good news.)
- Kapag kumakain sa bahay ng mga di mo kilala, kainin lamang ang pagkain na nasa gitna ng iyong plato Ang mga mangkukulam ay ipinapalagay na naglagay ng kanilang mga kapangyarihan sa tagiliran ng kanilang mga plato. (When dining in the home of strangers, always eat food from the center of the plate.)

ASSESSMENT

Reading
On your own: Basahin ang mga paniniwala o kasabihan ng mga matatanda sa ibaba. Naniniwala ka ba sa mga ito? Isalin ito sa Ingles.

Mga Bilang (Numbers)
- Kapag tatlong tao ang nagpapakuha ng larawan, ang taong nasa gitna ang siyang unang mamamatay.
- Ang taong may dalawang puyo' ay nangangahulugang siya ay salbahe.

- Ang isang kulog ay nagpapahiwatig na isang kilalang tao ang namatay.
- Ang mga manunugal na nakakita ng bilang pinto ay matatalo.
- Ang pagbasag ng salamin sa araw ng Biyernes ay magdudulot ng malas sa loob ng pitong taon
- Ang mga bilang na tatlo, lima, at siyam ay malas.
- Ang bilang labing-tatlo ay parehong swerte at malas.
- Kapag ang kabuuang bilang ng mga titik o letra ng mga pangalan ng parehong mag-asawa ay tatlumpu o mahigit pa, ito ay nangangahulugan ng swerte.
- Ang isang taong nanaginip ng mga bilang ay mananalo sa loterya.

Mga Kulay (Colors)
- Ang pulang kotse ay magiging malapit sa mga sakuna o aksidente.
- Ang isang taong maitim ang gilagid ay sinasabing seloso.
- Ang paboritong kulay ng isang tao ay nagpapahiwatig ng kanyang personalidad—dilaw para sa pagiging seloso, pula sa pagiging maliksi, puti sa pagiging matahimik, berde sa pagiging puno ng pag-asa, at asul o bughaw sa pagiging malungkutin.
- Kapag napanaginipan mo na ang iyong mga kaibigan ay nakasuot ng puting damit, ito ay nangangahulugan na sila ay magpapakasal.

Speaking

On your own: Pumili ng isa sa mga Pamahiin ng mga Pilipino. Gumawa ng isang maliit ng poster na naglalarawan ng pamahiing ito. Ipaliwanag (explain) ito sa kapareha.

Small group/in-class: Basahin ang mga sumusunod na paniniwala or kasabihang matatanda. Gumawa ng isang maikling dula tungkol sa mga ito.

Pera at Kayamanan
Mga Palatandaan at Mga Pahiwatig (Signs and Omens)
- Kapag ang isang tao ay nagbasag ng itlog at nakakita siya ng dalawang dilaw, siya ay magiging mayaman.
- Ang puting paruparo ay isang palatandaan ng darating na kayamanan. (A white butterfly is a sign of impending wealth.)
- Ang isang maliit na burol ng langgam sa ilalim ng bahay ay isang palatandaan ng magandang swerte. (A small anthill under the house is a sign of good fortune.)
- Ang isang bahay na madalas pagkumpulan ng mga itim na langgam ay nagpapahiwatig na ang may-ari ng bahay ay magiging mayaman. (If a house is frequented by black ants, its owner will become rich.)

Mga Dapat at Huwag Dapat Gawin (What to Do or Not Do)
- Huwag ilagay ang iyong pitaka o handbag sa sahig, dahil kapag ginawa mo ito, hindi ka magiging maunlad. (Do not put your purse or handbag on the floor or you will not prosper.)
- Huwag na huwag kang magwawalis ng sahig sa gabi, dahil kapag ginawa mo ito mawawala ang lahat ng iyong kayamanan. (Never sweep the floor at night or you will lose all your wealth.)

- Ang sinumang nagbabayad ng kanyang utang sa gabi ay magiging mahirap. (One who pays his debts at night will become poor.)
- Kapag ikaw ay agad na nakakita ng bulalakaw, magbalot ka ng ilang pera sa isang gilid ng iyong panyo at maglaro ka ng pustahan, at ikaw ay siguradong mananalo. (As soon as you see a shooting star, wrap some money in a corner of your handkerchief and play any game of chance, for you are surely going to win.)
- Kapag kumakati ang iyong palad, ibig sabihin ay makakatanggap ka ng maraming pera. (If your palm itches, it means you will receive a lot of money.)
- Kapag ikaw ay nagsuot ng damit at bigla mong napansin na baligtad pala ang iyong pakakasuot, ibig sabihin ay makakatanggap ka agad ng pera. (When you dress up and discover that your dress is inside out, you are going to receive money shortly.)
- Lagi kang maglagay ng barya o pera sa loob ng bag o lagahe. Kapag hindi mo ito nagastos, ikaw ay magkakaroon ng pera sa buong taon. (Always keep a coin or bills in your bag or suitcase. If you don't spend it, you will have money for the whole year.)
- Kapag ikaw ay nakakita ng barya sa daan, kunin mo ito at ilagay sa iyong pitaka o bulsa. Kapag hindi mo ito nagastos, hindi ka magkukulang sa pera. (If you find a coin on the road, put it in your purse or pocket. If you never use it, you will never be short of money.)
- Magbigay ka ng malaking diskwento sa iyong unang mamimili, upang ang iyong benta sa loob ng buong araw ay lumaki (buena mano). (Give a generous discount to the day's first customer and your sales for the day will increase.)

Grammar

On your own: Write down patterns for sentences with *huwag* and *hindi*. Which of this chapter's grammatical structures is least clear to you?

Small group/in-class: Transpose these sentences into *huwag* and *hindi* sentences.

1. Naglalagay siya ng maraming pera sa bulsa niya tuwing Bagong Taon.
2. Mabukas ka ng bintana sa Bagong Taon para pumasok ang suwerte sa pamilya.
3. Bigyan ng prutas at ano mang pagkain gusto ng isang naglilihi.
4. Nagsusuot ng itim na damit ang mga Pilipino kung walang patay.
5. Kunin ang nakitang barya sa daan. Ilagay ito sa bulsa o pitaka.

Intercultural Connection

On your own: Ano ang paniniwala mo tungkol sa pamahiin o kasabihang matanda? May katotohanan ba ang mga ito?

Small group/in-class: What are some of your traditions or family superstitions pertaining to the following?

1. pera
2. gamit sa bahay
3. damit
4. paglilihi
5. pag-aasawa

6. bagong taon
7. kasalan
8. panganganak

CULTURAL REFLECTION

What are traditions? What are superstitions? Do you think these are an important part of cultures and families?

ADDITIONAL ACTIVITIES

Crossword Puzzle
Solve the puzzle. Use the clues provided.

Across
1 bad spirit
4 good luck
8 dove
9 beliefs

11 the act of giving birth
12 superstitions
13 to turn around
14 witch

15 bad luck
18 do not
19 conceiving
20 fleas

Down
1 dark
2 pointed shape
3 cooked rice

5 should
6 wealth
7 to bring

10 grace
16 evening (already)
17 plate

Grammar Practice

What should you do or not do after the activities listed below?

1. Kakakain mo lang.

2. Masakit ang ulo mo.

3. Malamig sa labas.

4. Gabi na pero nakita mong marumi ang sahig.

5. Masakit ang tiyan mo.

Writing: Culture

What do the following things signify?

1. Butiki sa loob ng bahay

2. Maagang maglakad ang sanggol

3. Pagbukas ng mga bintana tuwing pista

4. Paru-paro sa loob ng bahay

5. Pagdating ng maraming bisita tuwing pista

6. Paghasik ng bigas sa bagong kasal

Writing: Vocabulary

What words or phrases correspond with the events below?

Kasalan	Binyagan	Araw ng Mga Patay	Pasko at Bagong Taon

Writing

Write a short paragraph describing the photo below.

Harvest festival in Mindanao

_____

_____

_____

_____

_____

_____

_____

_____

Cross-Cultural Assessment

Do you believe in or approve of the following things or actions? Check *oo* or *hindi*.

Kaugalian	Oo	Hindi
Pagligo sa gabi		
Aswang		
Pagwawalis sa gabi		
Mga multo		
Pagsusuot ng itim na damit kung may patay		
Pagmamano		
Pagsusuot ng mga damit na may hugis bilog sa Bagong Taon		
Pagliligo kung may sipon at ubo		

15 Pangingibang Bansa
Working Abroad

OBJECTIVES

- Learn the effective use of *um* verbs.
- Understand the push-pull factors of overseas employment for Filipinos and the cultural repercussions of this phenomenon.

OPENING PHOTO

Filipino Americans

On your own: Pag-isipan (reflect) ang mga tanong na ito: Bakit kailangang mangibang-bansa ang mga Pilipino? Anong klaseng trabaho ang gawain nila sa ibang bansa? Masaya ba ang mga buhay nila? Anong tulong ang ibinigibay sa kanila ng gobyerno sa Pilipinas?

Small group/in-class: Pag-usapan sa grupo ang mga tanong sa itaas. Anu-ano ang mga "advantages" at "disadvantages" ng pangingibang bansa ng mga Pilipino?

	Advantages	Disadvantages
Pangingibang Bansa		
Pamamalagi sa Pilipinas		

♪ **Glossary**

OFW – overseas Filipino worker
kabuhayan – employment / livelihood
kahirapan – difficulty in life
kalungkutan – loneliness
kababayan – countrymen

humanap ng trabaho – to look for an employment
umalis – to leave
lumipad – to travel by plane
tumawag – to call
kumain – to eat
humanap – to look for or look
sumakay – to ride
tumuloy – to come in
bumilang – to count
pumasok – to enter/to go to work or school
lumabas – to get out
tumulong – to help
umuwi – to go home
kumuha – to get
gumising – to wake up
sumulat – to write
pumili – to choose
umalis – to leave

pera – money
ibang bansa – different country
trabaho – employment
padala – money remittance
taon – year
buwan – month
sulat – letter
balikbayan box – box filled with gifts from abroad

anak/mga anak – child/children
nanay – mother
tatay – father
yaya – nanny
bayani – hero

mahirap – difficult or poor
delikado – dangerous
pagod – tired
matagal – long time
mayaman – wealthy
madali – easy
wala – the absence of something

CULTURAL NOTE: PANGINGIBANG BANSA

This chapter discusses the incredible phenomenon of global Filipino migration and the various social and cultural ramifications of the Filipino diaspora. These often include family relationships and the transmission of finances and popular culture in an increasingly globalized world.

Since the end of World War II, millions upon millions of Filipinos have spread out across the globe in what is called the "Filipino diaspora". Today 10 to 12 percent, or 8.5 to 11 out of 90 million Filipinos live in 193 countries worldwide. More than 85,000 Filipinos migrate to the United States each year. Migrant remittances globally make up over seventeen billion dollars annually, or over 15 percent of the Philippines' gross domestic product (GDP). The sheer volume of Filipino workers throughout the world is staggering. Perhaps even more staggering, however, is the disproportionate number of female migrants that continue to leave in ever increasing numbers. Women make up more than 80 percent of the Philippines' exported labor.

Filipino overseas workers engage in a number of occupations, but the majority are employed as domestic helpers, nannies, and health care providers nurses and orderlies). Filipino men have recently found increased employment opportunities in the booming construction industries of Middle Eastern countries such as Dubai and Saudi Arabia. Like many other Asian countries, the Philippines is experiencing a "brain drain" as highly skilled professionals such as doctors and engineers seek more lucrative employment overseas. Globally, Filipino workers are often sought out due to their high levels of education, language proficiency (especially in English), and reliable work ethic.

The reasons for this massive outward migration are varied and complex. Most Filipinos, however, leave due to financial difficulties in the Philippines. Despite a highly educated and willing work force, the average annual income per capita in the islands is only around four thousand dollars. This, combined with underfunded and ineffective government bureaucracies, archaic and static land-based capital holdings, and nagging corruption, has produced a stagnant and uncompetitive economy.

Although overseas workers pump massive amounts of fluid capital into the Philippine economy, the social effects of estranged family members (especially mothers) have caused a number of pressing concerns. Normally considered the foundation of Philippine society, an increasing number of families are finding themselves separated over thousands of miles. Phone calls, letters, and sometimes webcams and chat rooms are the only connection many Filipino children have with their mothers. With employment contracts lasting three, five, seven, or even ten years, many overseas workers often come home as strangers to their children. These strained relationships have been the subject of many recent movies, books, and academic studies.

GUIDED CONVERSATION

On your own: Read, listen to, and try to understand the dialog below. Go to http://www.seasite.niu.edu/Tagalog/filipino_tapestry.htm.

Sa Labas ng DOLE (Department of Labor and Employment) sa Maynila
Mang Bert: Balita ko malapit nang umalis si pareng Doming papuntang Dubai.
Mang Ben: Oo, nag-aplay siyang "civil engineer" sa isang malaking "construction company." Ang suwerte nga niya, eh.!
Mang Bert: O, ikaw kailan naman ang alis natin?
Mang Ben: Hinihintay ko ang bisa ko. Sa awa ng Diyos siguro sa isang buwan. Ikaw, Kumusta naman ang pag-aaplay natin?
Mang Bert: May interbyu ako sa Canadian Embassy sa Lunes. Nasa Canada na kasi ang panganay ko kaya siguro mapapadali ang pag-alis namin ni Misis.
Mang Ben: Mabuti ka pa pare. Sigurado na ang pangingibang bansa mo. Sana wala rin problema ang bisa ko.
Mang Bert: Sigurado ako pare. Makakaalis ka rin.

Small group/in-class: Formulate questions for an interview with an overseas employment agency and have members assume different roles: sekretarya, mga taong nag-iinterbyu, and mga taong nag-aaplay.

GRAMMAR: UM VERBS

On your own: Study the use, meaning, and function of *um* verbs

Meaning and Use
Um is an actor focus verbal infix that is used to give emphasis to the doer of the action or the act itself. It is used in sentences in which an object is not necessary. In the sentence below, when affixed to a verb, conjugate the word in its completed past, incompleted present, and contemplated future aspect.

Umuwi siya noong Pasko. (He/she went home last Christmas.)

Form
The following table shows how to conjugate verbs with *um*.

Uses of *Um* Verbs

Roots	Patterns	Translation
Vowel roots: alis		
-um before the vowel	command or infinitive: umalis	leave/to leave
Completed is the same form as the command	completed: umalis	left
Incompleted, repeat the first syllable of the root	incompleted: umaalis	is/are leaving
Contemplated, repeat the first syllable of the roots and delete um	contemplated: aalis	will leave
Consonant Roots: basa		
-um before the vowel	command or infinitive: bumasa	read/to read
Completed is the same form as the command	completed: bumasa	read
Incompleted, repeat the first syllable of the root	incompleted: bumabasa	is/are reading
Contemplated, repeat the first syllable of the roots and delete um	contemplated: babasa	will read

Halimbawa
    Umalis si Aling Tess noong isang Linggo. Pumunta siya sa London bilang Nars. Bumabasa ang mga OFW ng mga balita sa Internet.

> **Learner's Tip**
> *Um* verbs do not need an object. But if you include an object in your sentence, all objects must be preceded by *ng*. If you are adding a place/location, mark these with *sa*.

Small group/in-class: Conjugate the following verbs and use them in complete sentences.

1. pumasok
2. kumain
3. gumising
4. humanap
5. lumipad
6. tumawag
7. kumuha
8. sumulat
9. tumulong
10. bumilang

Writing

On your own: Interview a Filipino. Formulate your own questionnaire. Use *ano*, *saan*, *kailang*, *paano*, and *bakit* questions. Write a short ethnographic essay based on your interview.

Small group/in-class: Write different employment ads for overseas occupations. Post the ads around the room. Simulate a job fair and have each group assign interview teams for their own job postings.

> Job Fair
> Trabaho sa ibang bansa!

Listening and Speaking

Watch the film *Caregiver* on DVD or go to http://www.seasite.niu.edu/Tagalog/filipino_tapes try.htm.

On your own: Panoorin ang pelikulang *Caregiver*. Sagutin ang mga sumusunod na tanong.

1. Ano ang trabaho ng pangunahing artistang babae sa Pilipinas?

   _____

2. Bakit siya pupunta sa London?

   _____

3. Masaya ba ang buhay nilang mag-asawa?

   _____

4. Ano ang trabaho ng kaniyang asawa?

_____

5. Ano ang naging trabaho niya sa London?

_____

6. Mas mabuti ba ang buhay nila sa London o sa Pilipinas?

_____

Small group/in-class: Choose a scene from *Caregiver*. Re-create this scene. Rewrite the dialog lines. Act it out!

Reading

On your own: Basahin ang mga sulat sa mula sa OFW. Unawain. Isalin ang sulat sa Ingles.

> Mahal kong Pamilya,
>
> Kumusta na kayong lahat? Sana nasa mabuti kayong kalagayan. Kumusta ang pag-aaral ng mga bata? Kumusta ang lola? Magaling na ba siya? Alagaan ninyo ang isa't isa para hindi kayo nagkakasakit.
>
> Taglamig na naman ngayon dito sa Amerika. Kung kagaya noong isang taon, halos apat na buwang may isnow sa labas. Hindi na rin ako nagmamaneho kapag may isnow. Nag-bubus na lang para maiwasan ang trapik at aksidente. Hindi rin ako nakakalabas masyado kasi nga malamig. Kung minsan, pumupunta ako sa bahay ng isang kaibigan at nagkakantahan kami.
>
> Nagpaplano akong umuwi sa Pasko. Nag-iipon na ako ngayon pa lamang para mabili ko na kaagad ang ticket ko. Bumibili na rin ako ng mga pampasalubong. Kung may mga gusto kayong gamit mula dito, isulat na lang ninyo. Iwasan na lang muna natin ang paggamit ng telepono para makatipid.
>
> Naipadala ko na ang Balikbayan Box noong isang linggo. Darating na siguro iyan sa katapusan.
>
> Mag-iingat kayong lahat diyan.
> Nagmamahal,
>
> Nanay

Small group/in-class: Compare your translations. Write one final translation. As a group, write a response to this letter and have one of your members read it to the class.

ASSESSMENT

Grammar

On your own: Gamitin ang mga sumusunod na salita sa buong pangungusap. Linkers and markers are needed.

1. humanap, trabaho, ibang bansa mga Pilipino
2. gumising, maaga, mga empleyado
3. matulungin, katandaan, pamilya
4. umalis, mga maraming Pilipino

5. umuwi, nanay at tatay, mula sa London
6. tumuloy, mga kaibigan, bahay
7. pumunta, Canada, mga kapatid niya
8. bumili, sasakyan, bahay, ang mga OFW
9. sumulat, mga OFW, para, hindi malungkot, sila

Small group/in-class: Use the following words in complete sentences in any aspect.

1. alis
2. lakad
3. inom
4. basa
5. tawag
6. sulat
7. kain
8. luto
9. linis
10. biyahe

Small group/in-class: Rules and patterns are helpful. Write answers to and reflect on the following questions.

1. What are the patterns and rules of grammar covered in this chapter?
2. What grammar structure is least clear to your group?
3. Write your own patterns and rules for the grammar lesson.

Reading

Nakaugalian na ng mga Pinoy sa Amerika at sa ibang bansa ang magpadala ng mga regalo sa kanilang mga miyembro ng Pamilya sa Pilipinas. Karamihan ay nagpapadala ng Balikbayan Box na puno ng mga bagay at pagkain para sa mga mahal nila. Basahin ang tula sa ibaba at magsulat ng maliit na reaksiyon tungkol sa kaugaliang ito ng mga Pilipino.

Balikbayan Box, by Susana Bonifacio Felizardo
1. "Kuwarta ba o kahon"? Anong 'papadala?
Pareho siguro, kung kaya ng bulsa.
Kung iisipin nga'y praktikal ang pera
Pero ang kahon ri'y hinihintay nila!

2. Hindi na nga baleng tayo'y magkagastos
   At kailangan ring magtiyagang magbalot
   Maglaan ng oras, kahit na mapagod
   Ang kapalit nito'y ligaya ang handog.

3. Samantalahin nang ang charge ay maliit
   Magpackage kung sale para makatipid
   Siksiking mabuti, sa gayo'y masulit
   Pero iwasan daw, kahon ay mabuntis.

4. Ang hiling ni Inang kurtinang maganda
   Gagamitin lang 'yon, kung araw ng piyesta.
   Ang gusto ni Totoy lego at krayola
   Aba! ang sa Tatang, ay relo nga pala!

5. Ang bilin ni Nene, please naman don't forget!
   Ang manikang blondie, didilat-pipikit
   Kay Ate ay make-up, pabango at lipstik
   Sa Kuya'y sapatos, make sure na U.S. made.

6. Shampoo, sabon, colgate, kendi at tsokolate
   'Wag kaliligtaan-paboritong kape
   Pa'no ipupundar kung napakarami?
   Pakunti-konti lang ang gagawing bili.

7. Bakit nga naman ba? Ang naging tradisyon
   de lata'y ipackage, kahit doo'y meron
   number one ang corn beef, gustung gusto roon
   maski hindi Libbys, puwede na rin iyon.

8. Baka naman kaya, merong kaugnayan
   Sa mga naganap noong second World War
   Mga karne norte ang baon ng G.I.
   "Victory Joe!" Pahingi naman diyan!!!

9. Ganito ang sabi, ng tungkol sa Spam
Pinoy na obrero noon daw sa Hawaii
Merong baong kanin sa pinapasukan
At saka luncheon meat-masarap na ulam.

10. Ang pinaglumaan, okey bang isama?
Handbag, sintron, damit, kumot, saka punda?
Mga samut-samot idagdag ang twalya
Papakinabangan, maski na gamit na.

11. Heto po ang kuwento sa padalang tuna
Nagpackage si Pinoy kasi daw ay mura
Yaong pinadalhan, pinagtawanan pa
Dapat i-appreciate, kung 'yon lang
ang kaya!

12. Alam kaya nitong mga tumatanggap
Na ang buhay dito'y di naman masarap
At bago mapuno,'tong balikbayan box
Hahanapin muna, pambili't pambayad.

13. Dito, kami'y happy kung mabalitaang
Ang padala nami'y pinag-aagawan
Kung kini-criticize, siyempre magdaramdam
Sa sitwasyon namin, kayo ang lumagay.

14. Kung minsan, ang pangit sa ugali natin
Binibigyan mo na'y ang dami pang say
Pag hindi nagbigay maramot ang turing
Kung bigay nang bigay, sasamantalahin.

15. 'Wag sanang magsawa ang nagpapadala,
Isipin na lang, babalik ang grasya!
Ang pinapadalhan, 'wag puna nang puna
Hindi lang ang laman, dito'y mahalaga
Kundi itong diwa ng pag-alaala!!!

On your own: Basahin at unawain ang tula. Sagutin ang mga sumusunod na tanong.

1. Ano ang tema ng tula?

2. Bakit mahalaga ang pagpapadala ng balikbayan box sa Pilipinas?

3. Anu-ano ang laman ng mga balikbayan box?

4. Masaya ba ang pamilyang nakakatanggap ng kahon sa Pilipinas?

5. Kung nasa ibang bansa ka, magpapadala ka ba ng "Balikbayan Box" sa kamag-anak mo?

Small group/in-class: Basahin nang sabay-sabay ang tula. Magsanay nang mabuti. Isalin ang tula sa Ingles. Ipakita ang sabayang bigkas sa buong klase.

Listening and Writing

On your own: Ikaw ay may "Advice Column." May problema ang isang OFW. Mahirap ang buhay niya sa ibang bansa. Marami siyang utang sa Pilipinas. Gusto na niyang umuwi. Ano ang sasabihin mo sa kaniya?

Small group/in-class: Watch a clip from the film *Caregiver*. Go to http://www.seasite.niu.edu/Tagalog/filipino_tapestry.htm. Assign characters to the members of your group and ask them to write the dialog lines as they hear them. Translate these lines into English.

Intercultural Connection

On your own: Make a list of the advantages and disadvantages of sending workers overseas.

Small group/in-class: Conduct a *balagtasan* (a form of intellectual debate). Divide the class into two groups (one in favor of working overseas and one in favor of working in the Philippines and advocating for economic reform). Have them discuss in their groups the advantages and disadvantages of both sides. Hold the *balagtasan* in class.

CULTURAL REFLECTION

Have you met a Filipino overseas worker? What are your views about working overseas? Do you think governments should allow foreign workers in their countries? Do you think there can be a "brain drain" in a country like the Philippines?

ADDITIONAL ACTIVITIES

Crossword Puzzle

Solve the puzzle. Use the clues provided.

Across

2 to travel by plane
4 to get out
5 dangerous
8 to come in
11 to look for
12 to write
14 an employment
15 the absence of something
19 to get
20 employment
21 to leave
23 longtime
26 different country
27 to choose
29 to help
32 money remittance
33 box filled with gifts from abroad

Down

1 to enter/to go to work
3 money
6 countrymen
7 to call
9 to go home
10 rich/wealthy
12 to ride
13 easy
16 difficulty in life
17 to eat
18 loneliness
21 to leave
22 letter
23 difficult or poor
24 to count
25 to wake up
28 month
30 tired
31 year
34 overseas Filipino worker

Pangingibang Bansa 201

Reading

Read the following paragraph.

Umuwi si Ate Susan sa Pilipinas noong isang taon. Pumunta siya sa probinsiya ng tatay at nanay niya. Kumain sila ng maraming pagkaing Pilipino. Nanood siya ng sine sa bayan kasama ang kaniyang mga pinsan. Pumasyal din siya sa mga magagandang lugar. Pumunta sila sa dagat at lumangoy sa dagat. Nagsalu-salo ang buong mag-anak para sa selebrasyon ng kaniyang pagbalik-bayan.

Answer the following questions.

1. Kailan umuwi si Mila sa Pilipinas?
   _____
2. Saan siya pumunta?
   _____
3. Kumain ba siya ng maraming pagkaing Pilipino?
   _____
4. Sino ang kasama niyang nanood ng sine?
   _____
5. Anu-ano ang kaniyang mga ginawa?
   _____

Grammar Q&A

Answer the following questions about your life over the past week.

1. Anong oras ka umuwi kagabi?
   _____
2. Ano ang ginawa mo noong Biyernes?
   _____
3. Nag-aral ka ba kagabi?
   _____
4. Saan ka pumunta noong Sabado?
   _____
5. Kumain ka ba sa restoran noong Linggo?
   _____
6. Nagsimba ka ba noong Linggo?
   _____

7. Pumasok ka ba kahapon?

8. Anong oras ka natulog kagabi?

9. Nanood ka ba ng TV kagabi?

10. Anong oras ka gumising kaninang umaga?

Vocabulary Building

You are visiting the Philippines. You have to decide what *pasalubong* you are going to bring for your friends and relatives. Draw and label the items inside the *balikbayan box* below.

Writing

A *tanaga* is a short poem in Filipino that consists of four lines with seven syllables each. All the final syllables must rhyme. Write a *tanaga* about some aspect of living or traveling overseas.

16 Kasaysayan
History

OBJECTIVES

- Use *sa* and *noon* as markers of time in simple sentences.
- Use different time expressions and phrases.
- Describe the different historical timelines of the Philippines.

OPENING PHOTOS

Isang "Bell Tower" noong pahanon ng mga Kastila sa Piddig, Ilocos Norte

Lumang bahay noong panahon ng mga Kastila at Amerikano sa Camiguin

On your own: Anu-ano ang mga pangyayari sa mga sumusunod na panahon.

a. Noong panahon bago dumating ang mga kastila	
b. Noong panahon ng mga Kastila	
c. Noong panahon ng mga Amerikano	
d. Noong panahon ng Martial Law	

Small group/in-class: Basahin sa grupo ang mga pangyayari sa iba't-ibang panahon. Gumawa ng isang "poster presentation" na naglalarawang ng mga mahahalagang pangyayari sa bawat panahon.

♪ **Glossary**

kasaysayan – history	pamamahala – governance
pangyayari – events	banyaga – foreign
Kastila – Spanish	digmaan – war
Amerikano – American	panahon – time/season
pananakop – colonization	pari – priest
dumating – arrived	edukasyon – education
simbahan – church	pagtuturo – teaching
gobyerno/pamahalaan – government	pagbabago – change
rebolusyon – revolution	kalayaan – freedom/liberty
bansa – country	katahimikan – peace
bayani – hero	kasaganaan – progress
dayuhan – foreigner	tahimik – peaceful

CULTURAL NOTE

The *kasaysayan* or history of the Philippine islands is typically divided into four broad periods: precolonial, Spanish colonial, American colonial, and independent republic. The precolonial Philippines was not, of course, the "Philippines" at all. The 7,100 islands that make up the Philippine archipelago, rather, were part of a much larger collection of smaller political units connected through interregional trade. The Malay world, as it is known, stretches from the northern tip of Sumatra to the island of New Guinea in a massive crescent of volcanic islands. Assimilating influences from India, China, and, after the thirteenth century, Islam from Arabian and Indian nations, the Malay world was a vibrant region of international trade and cultural exchange. Although Islam made significant gains in the Philippine islands throughout the fifteenth and sixteenth centuries, most Filipino communities north of Mindanao remained largely animistic. These communities, or *barangay*, typically consisted of various kinship networks organized under a headman (*datu*). Formal political institutions and organizations typical of modern states were not present. Rather, most political relationships of power were dictated according to patron-client ties and kinship alliances.

On March 16, 1521, Ferdinand Magellan claimed the Philippine archipelago for Spain during his famed circumnavigation of the globe. Although Magellan was killed on Mactan before leaving the islands, his proclamation of Spanish authority stayed in effect. By 1571 Spanish conquistadors had captured Cebu and Manila and ushered in a period of formal Spanish colonialism. Named for the Spanish monarch Philip II, "The Most Catholic of Kings," the Philippines effectively became a colony of the Spanish religious orders. Dominicans, Franciscans, Augustinians, and Jesuits pacified and converted the islands' inhabitants with virtually no assistance from Spanish forces. Almost all lay Spaniards resided in the walled city of Intramuros in Manila and engaged in the volatile, but often lucrative, galleon trade between Manila and Acapulco. Three-hundred and thirty-three years of Spanish rule had a profound effect on Filipino culture and national identity. Becoming the only Christian country in Asia firmly oriented the Filipinos toward an occidental worldview, one they still maintain today.

After capturing Manila from Spain during the Spanish-American War, the United States began its own colonial project in the Philippines. Unlike the Spanish, Americans believed that Filipinos should be brought out from their religious parochialism and made into modern citizens of an eventually democratic state. The American period witnessed a profound cultural change in the islands as American imperialists introduced Filipinos modern cultural, political, and technological trends. It is often said that during nearly 400 years of Spanish and American rule Filipinos spent 333 years in a convent and 50 years in Hollywood.

After a brief occupation by Japanese forces during World War II, the Philippines achieved its independence on July 4, 1946. Since that time the country has struggled to establish a viable democratic nation-state. Suffering under fourteen years of martial law during the Marcos regime, Filipinos took to the streets in February of 1986 in a massive and miraculous demonstration known as People Power. After four tense days, the dictator was finally forced from the Philippines and democratic governance was restored. Despite this stunning victory for democracy, however, the Philippines continues to suffer severe economic and political difficulties.

GUIDED CONVERSATION

On your own: Basahin at isalin ang sumusunod na "dialog."

♪ **Noong Panahon ng Martial Law**
Kapitan: Alas sais na. Kailangan na ninyong umuwi. Curfew na!
Kabataan 1: Opo. Uuwi na kami. Naghihintay na po ang nanay at tatay.
Kapitan: Mag-ingat kayo sa daan.
Kabataan 2: Opo.

♪ **Noong Panahon ng mga Kastila**
Aling Sisa: Dumating na pala kayo. Kumain na. Ipinagluto ko kayo ng isda, gulay at kanin.
Basilio: Maraming salamat po. Kumain na po ba kayo?
Crispin: Maraming Salamat po, Inay. Gutom na gutom na po ako.
Aling Sisa: Busog pa ako. Kumain lang kayo. Kakain na lang ako mamaya.

Basilio: Kakausapin ko po si Ginoong Ibarra bukas. Gusto kong magtrabaho sa bukid nila para guminhawa naman ang buhay natin.

Aling Sisa: Huwag kayong mag-alala, mga anak. Darating din ang panahon para guminhawa ang buhay natin.

Small group/in-class: Practice and role-play the dialog above. Act out different roles and add or revise the dialog lines. Present this in class.

> Act! Act!

GRAMMAR: SA AND NOON (TIME)

On your own: Study the meanings, uses, and forms of *sa*, *noon*, and other words that indicate time. Write your own sentences using some of the time phrases.

Meaning and Use

Sa is used to designate a future time.
Noon is used to designate a past time.

ala una – one o'clock
alas dos – two o'clock
alas tres – three o'clock
alas kuwatro – four o'clock
alas singko – five o'clock
alas sais – six o'clock
alas siyete – seven o'clock
alas nuwebe – nine o'clock
alas diyes – ten o'clock
alas onse – eleven o'clock
alas dose – twelve o'clock

noong isang Linggo/sa isang Linggo – last week/next week
noong isang buwan/sa isang buwan – last month/next month
noong isang taon/sa isang taon – last year/next year
noong Pebrero/sa Pebrero – last February/next February

Halimbawa
sa Lunes – on Monday
noong Lunes – last Monday (*noong* + linker)

Form

Sa and *noong* as time modifiers require the presence of verbs in the sentence.

Halimbawa
>Dumating ang mga Kastila noong 1521 sa Pilipinas.
>Pupunta ang pangulo ng Pilipinas sa Amerika sa Lunes.

Small group/in-class: Fill in the blanks to change the following phrases into complete sentences.

1. Sa isang Linggo, _____.
2. Noong panahon ng mga Kastila _____.
3. Dumating ang mga Amerikano noong _____.
4. Noong 1972, _____.
5. Sa 2010, _____.
6. Noong Pebrero 1986, _____.
7. Sa isang taon _____.
8. Magbabakasyon kami sa Florida sa _____.
9. Noong 1898, _____.
10. Uuwi na kami sa Amerika _____.

Writing

On your own: Research the following topics.

1. Sining at Musika noong panahon ng mga kastila, Amerikano, at Hapon
2. Mga mahahalagang tao sa kasaysayan ng Pilipinas
3. Mga pangyayari noong panahon ng Martial Law
4. Ilarawan ang EDSA People Power Revolution

Small group/in-class: Gumawa ng isang dyaryong naglalarawan ng mga sining, musika, mahahalagang tao sa iba't—ibang panahon sa Pilipinas, mga pangyayari sa kasaysayan ng Pilipinas sa iba't—ibang panahon.

Mga Balita sa Iba't—Ibang Panahon

Speaking

Assign the following roles to individual students.

1. Kabataang Pilipino, Pilipinong nanay, Pilipinong tatay, Pilipinong guro, Pilipinong sundalo noong panahon ng mga Kastila, Amerikano, at Hapon
2. Pari noong panahon ng Kastila
3. Mga kastila, Amerikano, Hapon

On your own: Write and practice possible dialog lines for your role. These lines should be compatible with the different situations described above.

Small group/in-class: Act out the following situations as they might have occurred in different time periods in Filipino history.

1. Sa palengke
2. Sa simbahan
3. Sa loob ng bahay
4. Sa paaralan
5. Sa kalye
6. Sa bukid
7. Sa bayan
8. Sa labas ng bahay

Reading

♪ Mga Repormista Noong Panahon ng Kastila
Dr. Jose Rizal

Si Dr. Jose Rizal ay isa sa mga repormista. Ipinanganak siya sa Calamba, Laguna noong ika-19 ng Hunyo 1861. Sina Francisco Mercado at Teodora Alonzo ang kaniyang mga magulang. Nag-aral siya sa Atenedo de Manila at sa Unibersidad ng Santo Tomas. Nag-aral siya ng panitikan, medisina at pilosopiya sa bansang Espanya.

Nakita niya ang malungkot na kalagayan ng kaniyang mga kababayang Pilipino sa pamahalaang kastila. Nagsulat siya ng dalawang nobela tungkol sa mga kalupitan ng mga prayleng kastila. Isinulat niya ang Noli Me Tangere noong 1887 at ang El Filibusterismo noong 1891. Ipinakita niya sa nobelang ito na hindi siya sang-ayon sa paggamit ng dahas upang makamit ang reporma sa bayan.

Ipinagbawal ng pamahalaan ang pagbasa sa dalawang nobela. Maraming mga Pilipino ang palihim na bumasa ng mga ito. Nang bumalik si Rizal sa Pilipinas mula sa Europa, dinakip at ikinulong siya sa Fort Santiago at pagkatapos, ipinatapon siya sa Dapitan. Dahil sa paghihimagsik ng mga Pilipino noong 1896, hinatulang mamatay si Jose Rizal ng Hukumang Militar. Binaril siya saBagumbayan (ngayon ay Luneta) noong Disyembre 30, 1896.

On your own: Isulat kung ano ang tinutukoy sa mga sumusunod.

1. Mga magulang ni Jose Rizal.
2. Dito ipinanganak si Rizal.
3. Mga aklat na sinulat ni Rizal na naglalarawan ng kalungkutan at kahirapan ng mga Pilipino sa ilalim ng pamahalaang Kastila.
4. Dito ikinulong si Rizal.
5. Dito ipinatapon si Rizal.
6. Petsa ng kaniyang kamatayan.

Small group/in-class: Pag-usapan ang mga sumusunod.

1. Tama ba ang ginawang pagbabawal ng mga Kastila na basahin ang mga nobela ni Dr. Jose Rizal? Ipaliwanag.

2. Maganda ba ang buhay ng mga Pilipino sa ilalim ng pamahalaan ng Kastila?
3. Ano sa palagay mo ang pinagkaiba ng pamahalaang Kastila sa pamahalaang Amerikano?

ASSESSMENT

Grammar

On your own: Gamitin ang mga sumusunod na "time phrases" sa pangungusap.
1. Sa Martes
2. Sa isang Linggo
3. Sa isang buwan
4. Sa isang taon
5. Sa Disyembre
6. Sa 2010
7. Noong unang panahon
8. Noong Miyerkoles
9. Noong panahon ni Jose Rizal
10. Noong 1986

Small group/in-class: Write in your own words how and when to use the different time phrases and markers. Which part of this chapter's grammatical structure is least clear to you?

Writing and Speaking

On your own: Formulate interview questions you would like to ask the following persons.
1. Jose Rizal
2. Andres Bonifacio
3. Gabriela Silang
4. Diego Silang
5. Corazon Aquino
6. Ferdinand Marcos
7. Apolinario Mabini
8. Graciano Lopez Jaena

Small group/in-class: As a group, gather as much information as you can about the persons listed above. Share this information with the other groups and write a longer biography of each of these famous Filipinos.

Intercultural Connection

On your own: Get more information about the history of the Philippines. Learn about different events that have occurred through the years.

Small group/in-class: Create a cartoon or poster illustrating the relationship between the United States and the Philippines. Use pictures and Filipino words.

CULTURAL REFLECTION

What is your opinion about the effects of colonialism in a country such as the Philippines? Mabuti ba ito?

ADDITIONAL ACTIVITIES

Crossword Puzzle

Solve the puzzle. Use the clues provided.

Across
- 2 war
- 5 teaching
- 7 church
- 10 freedom/liberty
- 13 education
- 14 history
- 16 country
- 17 governance
- 18 arrived
- 20 change
- 21 time or season
- 22 foreign
- 23 peaceful

Kasaysayan **211**

Down

1 foreigner	8 government	14 peace
3 spanish	9 progress	15 colonization
4 priest	11 events	19 hero
6 revolution	12 American	

Then and Now

List the people, events, and things that characterized the decades listed below.

	Sinu-sino ang kilalang mga tao?	Anu-ano ang mga bagay na mahalaga?	Anu-ano ang mga pangyayari sa panahong ito?	Karagdagang impormasyon
Dekada '40				
Dekada '60				
Dekada '70				
Dekada '80				
Dekada '90				

What Do You Think?

Give your opinion in answer to the following questions.

1. Mabuti ba ang kalagayan ng mga Pilipino noong panahon ng mga Kastila?

2. Mabuti ba ang buhay ng mga tao sa Pilipinas noong panahon ng mga Amerikano?

3. Marami bang mahirap sa Pilipinas?

4. Sagana ba sa pagkain ang mga Pilipino?

5. Marami bang mayaman sa Pilipinas?

6. Tapat ba ang pamahalaan ng Pilipinas?

7. Tahimik ba ang buhay ng mga Pilipino sa Mindanao?

8. Mahalaga ba ang edukasyon sa bawat Pilipino?

9. Makasarili ba ang mga Pilipino?

10. Makapamilya ba ang mga Pilipino?

Timeline

Create your own personal timeline below. List the major events from your birth until now. Illustrate or write about each important event. Share your timeline with the class.

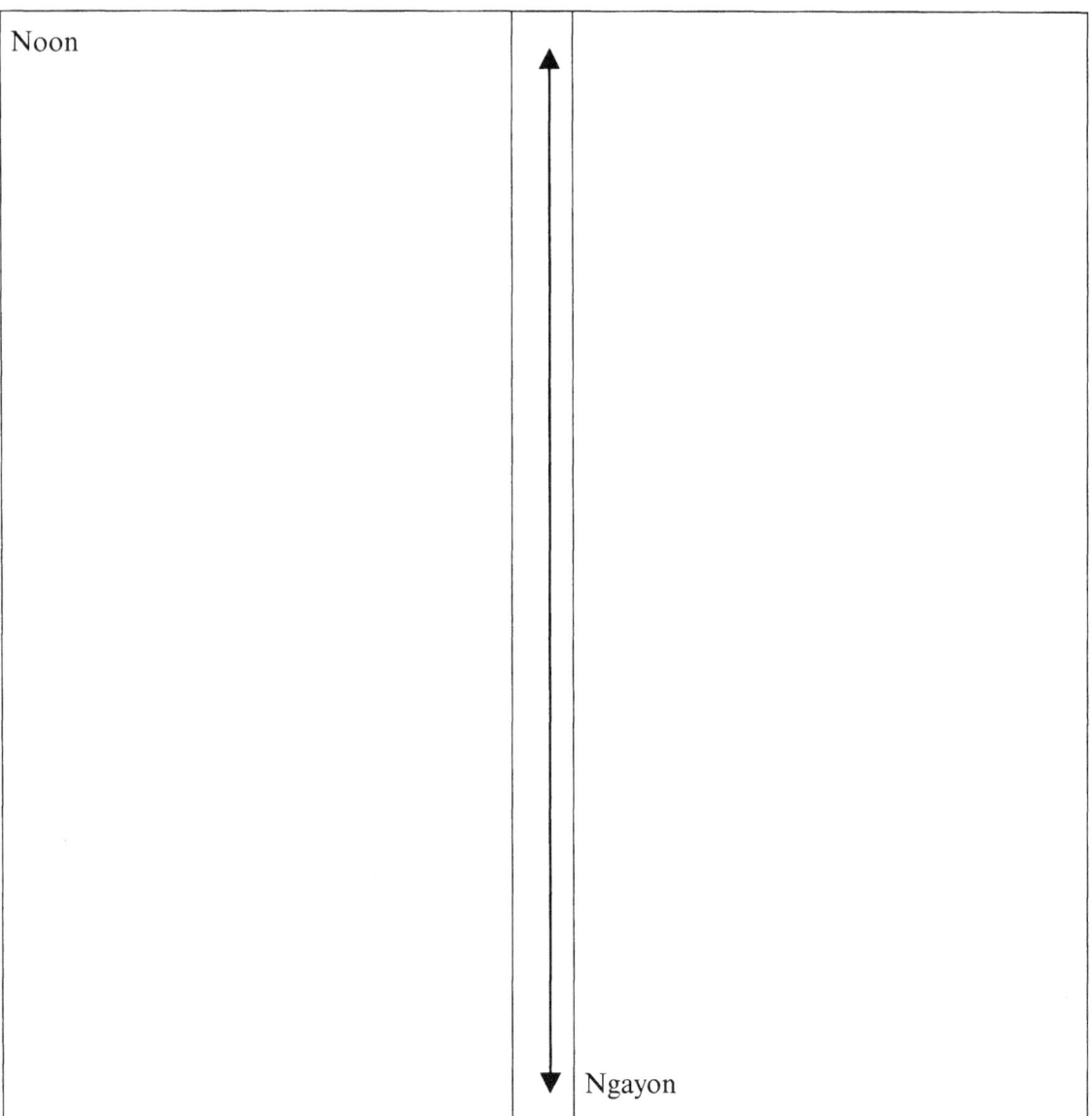

17 Pulitika
Politics

OBJECTIVES

- Express desirability and undesirability using *gusto* or *ayaw* in complete sentences.
- Use the subordinators *pero* and *kasi* to expand simple sentences.
- Gain an understanding of the Philippines' political system and politics.

OPENING PHOTO

Malacanyang Palace

On your own: Pag-aralan ang larawan sa itaas. Ano ang masasabi mo tungkol sa mga ito? Ano sa palagay mo ang mga tungkulin ng pulitika sa buhay ng isang bayan? Mahalaga ba ito? Problema ba ito?

Small group/in-class: Pag-usapan ang mga sumusunod na pangyayari, mga kilalang tao at mga grupo sa kasaysayang pampulitika sa Pilipinas.

1. Lakas ng Bayan (LABAN)
2. Kilusang Bagong Lipunan (KBL)
3. Imelda Marcos
4. Corazon "Cory" Aquino

♪ **Glossary**

pamahalaan – government
mamamayan – citizens
pulitika – politics
pangulo – president/head official
kongreso/batasan – congress
senado – senate
senador – senator
alkalde/mayor – mayor
bise – vice (as in "vice mayor")
gobernador – governor
batas – law
mambabatas – lawmaker
paggawa ng batas – law making
lumabag sa batas – lawbreaker
ayon sa batas – lawful
katarungan – justice
abogado – lawyer
karanasan – experience
nagtatag – founder
pulis – police
hepe – police chief
pagbabago – change

malaya – free
makamit – attain
matatag – not easily broken
kilala – famous
mabait – good

matalino – intelligent
may pinag-aralan – educated
makatarungan – just
mahirap – difficult or poor
mayaman – wealthy
malupit – cruel
maginoo – gentlemanly
matapat – honest
masaya – happy
mababang loob – humble
sinungaling – dishonest
matiyaga – patient
magalang – polite
mahina – weak
malakas – strong
matagumpay – successful
bobo – stupid
bata – young
matanda – old
mapayapa – peaceful
maunlad – progressive
makatao – humanitarian

kumandidato – to be a candidate
bumitiw – resign
kung mabigyan – if given
pagkakataon – opportunity

CULTURAL NOTE

The Philippine government is structured essentially like that of the United States. The 1935 Commonwealth Constitution approved by the American colonial regime created a representative system of democratic government with legislative, executive, and judicial branches. This system was altered briefly under the Japanese occupation during World War II, but it was soon restored when the Allied forces prevailed. The Philippines received full independence in 1946. In 1973 the corrupt dictator Ferdinand Marcos drastically altered the Philippine Constitution. Instituting a parliamentary style government more conducive to his preference for martial law, Marcos ensured his continuous rule for the next thirteen years. In 1986, however, in one of the greatest and most courageous demonstrations of modern democracy, the Filipino people forced their dictator from office and brought back a system of balanced government. Their efforts were enshrined in the 1987 Constitution under Corazon Aquino, which placed political power back in the hands of the people.

At all levels, Philippine politics is an extremely intense and competitive phenomenon. Local municipal and *barangay* elections are frequently the most raucous as patron-client and kinship networks pit broad coalitions of political followers against one another. These passionate contests, combined with coveted prospects for political patronage and access to government sources of wealth, can sometimes lead to corruption and violence. However, despite a turbulent political atmosphere Filipinos continue to actively participate in their democracy. Voter turnout in national elections has remained well over 80 percent since the 1986 Revolution. Elections are also usually considered a reason for celebration. Decorations, feasts, and games all contribute to the festive atmosphere on Election Day.

Some of the more pressing political issues in the Philippines are poverty and security. Ever since the early American period, Filipino leaders have had to attend to a largely impoverished constituency. Land reform has been attempted several times to stimulate production and break up large holdings of static capital. However, these reforms have been historically short-lived as reconsolidation usually follows. Industrialization has also stumbled due to noncompetitive contracts and political patronage.

Political unrest and internal security threats are often the result of the Philippines' depressed economy. Marxist movements have challenged government authority since at least the early 1950s, while separatist organizations in Mindanao and Sulu have defied integration since the advent of Spanish authority in the sixteenth century. Nevertheless, the Philippines has not experienced political and humanitarian tragedies on a scale similar to those of its other Southeast Asian neighbors. Hence, despite is chronic difficulties, Filipino politics remains a potentially effective venue for republican government and popular rule.

GUIDED CONVERSATION

On your own: Basahin at pakinggan ang usapan sa ibaba. Go to http://www.seasite.niu.edu/Tagalog/filipino_tapestry.htm. Magsanay sa pagbigkas.

Sa Isang Political Rally
Mamamayan 1: Gusto kong iboto ang dating alkalde. Gusto ko ang kaniyang plataporma.
Mamamayan 2: Gusto ko rin ang kaniyang plataporma kaya lang kailangan natin ang pagbabago sa bayan.
Mamamayang 3: Ayaw kong bumoto pero gusto kong kasama ako sa pagbabago. Gusto kong manalo ang isang matatag at makatao para sa pangulo ng bayan.
Kandidato: Iboto ninyo ako.

Small group/in-class: Write brief conversations for the following scenarios.

1. Kandidatong Nangangampanya at mga tao
2. Alkalde at ang bise-alkalde
3. Sa loob ng opisina ng pangulo

Speaking

On your own: Use the grid below to form your own questions using *gusto* or *ayaw*.

Small group/in-class: Magtanungan. Gamitin ang "grid." Isulat ang mga sagot sa papel. Basahin sa klase.

Writing

On your own: Create descriptive images for the following.

1. Pangulo ng bansa
2. Kahirapan ng mga mamamayan
3. Edukasyon para sa lahat
4. Makatarungan
5. Maunlad

Mga Tanong	Mga Sagot
1.	
2.	
3.	
4.	
5.	

Small group/in-class: Use the different images above to create a campaign and political posters.

Writing and Speaking

On your own: Write campaign slogans. Read them to a partner.

Small group/in-class: Participate in a political debate. Formulate a political platform (*simulain, patakaran*) and discuss details and feasible programs. Isulat at basahin ang mga ito.

GRAMMAR: GUSTO (LIKE), AT AYAW (DO NOT LIKE), PERO (BUT), AND KASI (BECAUSE)

On your own: Study the uses, meanings, and forms of *gusto*, *ayaw*, *pero*, and *kasi*.

Meaning and Use

Pero is the subordinating conjunction "but," and *kasi* is the subordinator "because." In Filipino these subordinators are used much as they are in English. *Gusto* is equivalent to "to like" or "to love" in English. *Ayaw* means "to dislike" or "to not love."

> Gusto ko ng matalinong mambabatas kasi mabuti ito sa bayan. (I like an intelligent lawmaker because this is good for the country.)
> Ayaw ko ng bobong mambabatas. (I do not like a dumb lawmaker.)

Form

Below are sentence patterns using *gusto* or *ayaw*.

Gusto/ayaw + ng pronoun/ni phrase + ng/ang/sa phrases

> Gusto niya ng masipag na gobernador.
> Gusto ni Ben ng maunlad na bayan

Gusto/ayaw + ng or ni phrase + infinitive (object focus or actor focus) + ng/sa phrases or time indicator

> Gusto ni Ben magtrabaho sa gobyerno.
> Ayaw ng mga tao ang malupit na pulis.

Gusto/ayaw + ng pronoun + linker + infinitive (object focus or actor focus) + ng/sa phrases or time indicator

> Gusto niyang tumulong sa kapwa.
> Ayaw nilang humingi ng tulong sa mga pulitiko.

Gusto/ayaw + ng pronoun + ba + linker + infinitive (object focus or actor focus) + ng/sa phrases or time indicator

> Gusto Mo Bang Magturo Sa Paaralang Pampubliko? (Do you like to teach in public school?)

Bakit + gusto/ayaw +ng pronoun+ linker + verb

    Bakit ayaw mong bumoto? (Why don't you like to vote?)

Bakit + gusto/ayaw + ng or ni phrase + verb

    Bakit gusto ni Ben kumandidato? (Why does Ben want to become a candidate?)

Ano + ang + gusto/ayaw + ng pronoun + linker + verb

    Ano ang ayaw mong ibigay sa sekretarya? (What is it that you don't want to give to the secretary?)

Ano + ang + gusto/ayaw + ng or ni phrase + verb

    Ano ang gusto ng mga taong gawin sa bayan? (What do people want from the government?)

Saan/kailan + ng pronoun + ayaw + verb?

    Saan nila gustong pumunta sa kongreso?
    Kailan niya ayaw magtrabaho?

Saan/kailan+ gusto/ayaw +ng or ni phrase + verb

    Saan gusto ni minalyn pumunta sa Capitol?
    Kailan ayaw ng guro magbilang nga mga boto?

ASSESSMENT

Writing and Speaking

On your own: Choose a political theme or topic. Think of associated words and phrases. Write a short narrative about the main topic using these words and phrases. Organize the words using the diagram below. Indicate different categories associated with each group of words. Be creative!

Small group/in-class: Read your narrative to small group. Discuss and together write a short "political speech" using the information from individual students. Read this political speech together as a group. Present it in class.

Grammar

On your own: Gamitin ang mga sumusunod na salita sa "gusto/ayaw" na pangungusap.

1. gobyerno
2. matatag
3. pangulo
4. matalino
5. mambabatas
6. makatarungan
7. bayan
8. malaya
9. maunlad
10. tumutulong
11. mahihirap
12. mabait
13. nagbibigay
14. lumabag sa batas

Small group/in-class: Gamitin din ang mga salita sa pagtanong ng ano, saan, ba, kailan. Gamitin ang mga "subordinators" na *kasi, pero at para sa*.

Reading

On your own: Basahin at unawain ang talata. Ano ang alam mo tungkol sa mga ito? Isulat.

1. People Power
2. snap election
3. Corazon Aquino
4. Pebrero 1986
5. EDSA
6. Ferdinand Marcos

♪ EDSA 1986

Nagkaroon ng isang mapayapang rebolusyon noong Pebrero 22–25, 1986. Matagumpay ang rebolusyong ito dahil sa pagkaka-isa ng mga mamamayan na makamit ang pagbabago sa bansa. Maraming mamamayang nagtipon-tipon sa kalye ng EDSA. Sa pamumuno nina Juan Ponce Enrile at Heneral Fidel Ramos, hiniling nila ang pagbitiw ni Pangulong Marcos. Lumisan ang Pangulong Marcos at naging pangulo si Corazon Aquino ng bansang Pilipinas. Tinawag itong "People Power Revolution" dahil sa katahimikan, pagkakaisa, at pagtutulungan ng mga mamamayan.

Small group/in-class: Sagutin ang mga tanong. Isulat ang mga sagot.

1. Gusto mo bang maranasan din ang "People Power Revolution"?

2. Bakit mo gusto itong maranasan?

3. Kailan naganap itong mapayapang rebolusyon?

4. Sinu-sino ang namuno sa rebolusyong ito?

5. Sino ang pangulong lumisan?

6. Sino ang naging pangulo?

7. Sino ang naging pangalawang pangulo?

8. Bakit mapayapa ang People Power?

Intercultural Connection

On your own: Kung mabigyan ng pagkakataon na sumali sa "People Power," sasali ka ba? Bakit? Isulat sa papel.

Small group/in-class: Share your thoughts on the People Power Revolution of 1986 with your group. List the good traits or characteristics that were demonstrated during this revolution. Were there negative aspects as well? Write in Filipino.

CULTURAL REFLECTION

Was People Power a reflection of a truly democratic country? Why or why not?

ADDITIONAL ACTIVITIES

Crossword Puzzle

Solve the puzzle. Use the clues provided.

Across

2 cruel
3 experience
5 successful
7 police
8 governor
11 progressive
12 peaceful
13 citizens
15 gentleman
18 polite
19 justice
20 poor

Pulitika 223

22 opportunity
23 politics
26 humble
31 honest

33 president
36 attain
37 young
38 lawmaker

50 senator
41 humanitarian
42 stupid

Down
1 dishonest
2 patient
4 police chief
6 famous
9 congress
10 happy
13 intelligent
14 free

16 just
17 resign
21 law
24 to be a candidate
25 lawyer
27 old
28 good

29 change
30 founder
32 mayor
34 not easily broken
35 weak
36 strong
39 senate

Grammar Q&A
Answer the following questions.

1. Ano ang gusto mong makita sa Maynila? Bakit?

2. Ano ang ayaw mo sa mga namumuno ng bayan?

3. Gusto mo bang bumoto sa susunod na eleksiyon?

4. Ano ang gusto mong gawin tuwing bakasyon?

5. Ano ang ayaw mong gawin tuwing taglamig?

Writing: Vocabulary
Fill in the characteristics and responsibilities of the government positions listed below.

Mga Opisyal	Mga Katangian	Mga Responsibilidad
Pangulo ng bansa		
Unang Ginang		

Alkalde		
Kongresista		
Senador		
Pulis		

Writing: Infer and Understand

After studying the information provided, answer the questions below.

Populasyon sa Pilipinas

Taon ng Senso	Petsa ng Kaganapan ng Senso	Populasyon ng Pilipinas (sa milyon)
2007	August 1, 2007	88.57
2000	May 1, 2000	76.50
1995	September 1, 1995	68

Source: www.census.gov.ph

1. Ano ang populasyon ng Pilipinas noong 2007?

2. Ilan naman ang itinaas ng populasyon ng Pilipinas mula 2000 at 2007?

3. Kailan ang huling senso sa Pilipinas?

4. Ano ang populasyon ng Pilipinas noong 1995?

5. Ano ang populasyon ng Pilipinas noong 2000?

6. Ilan ang itinaas ng populasyon ng Pilipinas mula 1995 at 2000?

7. May problema ba sa mabilis na pagtaas ng populasyon ang Pilipinas?

Basic Literacy Rate ng Populasyon (ages 10–64)

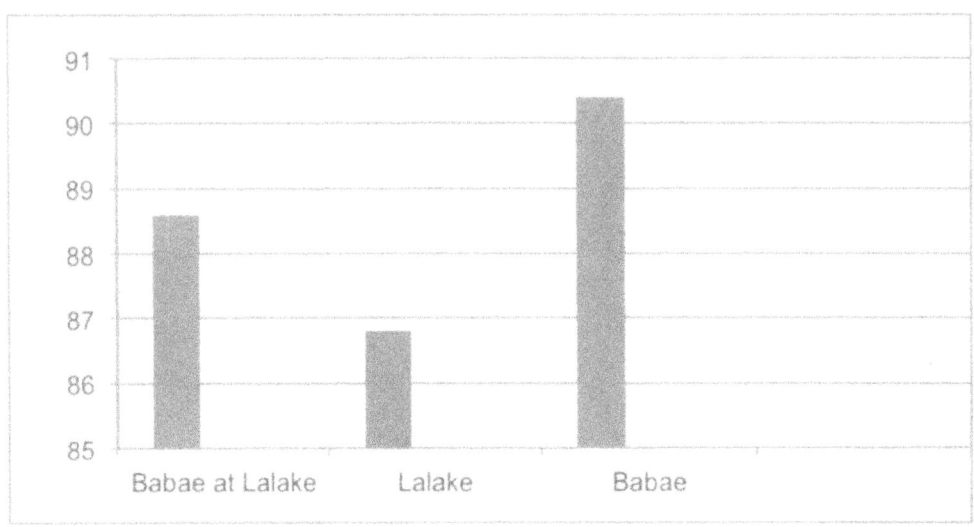

Source: www.census.gov.ph

1. Ano ang "average literacy rate" ng mga lalaki at mga babae sa Pilipinas?

2. Ano ang literacy rate ng mga babae?

3. Ano naman ang literacy rate ng mga lalake?

4. Sino ang mas mataas?

5. Ano kaya ang puwedeng programa ng gobyerno para tumaas ang "literacy rate" ng mga lalake?

Vocabulary List

abogado – lawyer
Abril – April
aklatan – a place for books
adobo – a dish consisting of meat cooked in soy sauce, vinegar, and garlic
Agosto – August
alas kuwatro – four o'clock
alas singko – five o'clock
alas siyete – seven o'clock
alkalde/mayor – mayor
aliwan – pastimes/amusements
Amerikano – American
ampalaya – bitter melon
anak/mga anak – child/children
anihan – harvest time
ano – what
Ano ba? – What is that?
Anong kalye ang iyong bahay? – What street is your house (on)?
Anong numero ang iyong bahay? – What is your house number?
aparador – dresser/cabinet
apritada – meat cooked in tomatoes
Araw ng Kalayaan – Independence Day
Araw ng Pagkabuhay – Easter
Araw ng Pasasalamat – Thanksgiving Day
aroskaldo – chicken, garlic, and rice soup
asin – salt
asukal – sugar
ate – older sister
awa – pity
awitan – singing
ayaw ko – I do not like
ayon sa batas – lawful
ba – yes/no question marker
bababa – will go down

babuyan – a place for pigs
Baka naman hindi na ito sariwa? – This might not be fresh anymore, huh?
bakod – fence
bakuran – yard
bagong pitas na prutas – newly picked fruits
bagoong – fermented fish
bahala na – come what may
bahay – house
bahay kubo – house made of nipa wood and bamboo
balikbayan box – box filled with gifts from abroad
bansa – country
banyaga – foreign
banyo – bathroom
barkada – close friend
barrio – small village
baso – cup/glass
bata – young
batas – law
bawang – garlic
bawat – every (piece)
bayani – hero
bente pesos – twenty pesos
bibilihin – will buy
bibingka – rice cake
Bibliya – Bible
bigas – uncooked rice
binata – single man
bise – vice (as in "vice mayor")
bispiras – eve of a festival
bitsuwelas – green beans
Biyernes – Friday
bobo – stupid

bukid – rice field
buhay – life
buhay sa bukid – life in the country/on a farm
buhay sa siyudad – life in the city
bulaklak – flowers
bulkan – volcano
bumilang – to count
bumili – to buy
bumisita – to visit
bumitiw – resign
bundok – mountain
bunso – youngest
buong lata – whole can
burol – hill
bus – bus
buwan – month
kaarawan – birthday
kababayan – countrymen
kabataan – youths
kabisayaan – a place of the Visayan people
kabukiran – farmland
kabuhayan – employment / livelihood
kabutihan – goodness
Kakaliwa tayo sa kanto. – We're going to turn left at the corner.
Kakaliwa tayo sa susunod na kanto. – We're turning left at the next corner.
Kakanan tayo sa kanto. – We're turning right at the corner.
Kakanan tayo sa susunod na kanto. – We're turning right at the next corner.
kagagawan – someone's doing
kahirapan – difficulty in life
kahuyan – woodpile
kaibigan – friend
kailan – when
kailangan/dapat – should
kainan – a place to eat
kalabaw – carabao (water buffalo)
kalamansi – small lime
kalan – stove
kalapati – dove

kalayaan – freedom/liberty
kaldero – cooking pan
kaldero/kawali – pans
kalesa/karitela – horse-drawn carriage
kaligayahan – joyfulness
kalungkutan – loneliness
kama – bed
kamag-anak – relatives
kamatis – tomato
kanin – cooked rice
kapatagan – plains
kapayapaan – peace
kape – coffee
karagatan – ocean/seas
karanasan – experience
kare-kare – meat cooked in peanut sauce
karne ng baboy – pork
karne ng baka – beef
karne ng manok – chicken meat
karot – carrot
kasabihan ng mga matatanda – old people's tale
kasaganaan – progress
kasamaan – badness
kasaysayan – history
kasiyahan – happiness
Kastila – Spanish
katahimikan – peace
katandaan – elders
katarungan – justice
Katoliko – Catholic
kilala – famous
kilo – kilogram
kinalaman – something to do with it
kisame – ceiling
kongreso/batasan – congress
Koran – Koran
kotse – car
Kristiyano – Christian
kukunin – will get
kumain – to eat
kumandidato – to be a candidate
kumpisal – confession

kumuha – to get
kung mabigyan – if given
kung minsan – once in a while
kusina – kitchen
kutsara – spoon
kutsilyo – knife
kuwarto – bedroom
kuya – older brother
chopsuey – stir-fried vegetables
dalaga – single woman
dalawampiso – two pesos
dayuhan – foreigner
delikado – dangerous
Deretso lang tayo. – We're going straight.
digmaan – war
Disyembre – December
Dito ba ang daan papuntang simbahan? –
    Is this the way to the church?
Dito ba ang opisina ni Mr. Jose? – Is this the
    office of Mr. Jose?
dito/narito – here (near the person speaking)
diyan/nariyan – there (near the person
    spoken to
doctor – doctor
doon/naroon – there (far from both person
    speaking and listening)
dumating – arrived
dyanitor – janitor
dyus – juice
edukasyon – education
Enero – January
Ewan ko – I do not know
gabay – guide
gabi na – evening (already)
gatas – milk
ginhawa – easier life
gobernador – governor
gobyerno/pamahalaan – government
gumising – to wake up
guro – teacher
gusali – building
gusto – like/want
halaman – plants
halo-halo – crushed ice with cooked
    sweetened fruits and beans topped
    with purple yam or leche flan or
    ice cream
handa – food prepared
hapag kainan – dining table
hepe – police chief
Heto ang bayad ko. – Here is my fare.
hindi dapat – should not
hindi mabayaran – can't pay
Hindi na bale! – Never mind!
hindi naman – not so
hinog – ripe
Hulyo – July
humanap – to look for or look
humanap ng trabaho – to look for an
    employment
Hunyo – June
huwag – do not
huwag ipagsabi – do not tell
huwag lisanin – do not leave
huwag mag-iwan – do not leave (something)
huwag maglagay – do not place
huwag magwalis – do not sweep the floor
huwag maligo – do not bathe
huwag na – no more
Huwebes – Thursday
ibang bansa – different country
Ika-ilan ang bahay mo mula sa kanto? –
    How many houses from the corner
    is your place?
iha – young girl
ilog – river
imam – Muslim cleric
inaanak – godchild
industriya – industry
inhinyero – engineer
inuman – a place to drink
inuman – drinking (alcohol)
ipihit ang plato – turn plate around
isda – fish
isinasaalang-alang – to consider
itlog – egg

jeepney – minibus
lagnat – fever
lambak – valley
langit – heaven/sky
lansones – a type of tropical fruit
lawa – lake
leche flan – egg and milk custard
lechon – roasted pig
limampiso – five pesos
limang beses – five times
Linggo – Sunday
lola – grandmother
lolo – grandfather
lumabag sa batas – lawbreaker
lumabas – to get out
lumipad – to travel by plane
Lunes – Monday
lungkot at ligaya – sadness and happiness
lutuan – a place for cooking
maaga – early
maayos – organized
mababang loob – humble
mabait – good
mabango – smells good
makakatipid ka – you will save
makamit – attain
makatao – humanitarian
makatarungan – just
makikilala – get to know
Makinig kayo! – Listen!
makinig sa radio – listen to the radio
makintab – shiny
makulay – colorful
madali – easy
madilim – dark
mag-abono – to fertilize
mag-alaga – to care for
magalang – polite
mag-ama – father and child
mag-anak – family
maganda – beautiful
magandang bati – happy greeting
mag-ani – to harvest
mag-asawa – husband and wife

mag-ayos – to prepare
magbasa ng libro – read books
magbigayan – to give each other
magkaklase – classmates
magkaibigan – friends
Magkano ang isang kilo ng mangga? – How much is a kilo of mangoes?
Magkano ang isang kilong manok? – How much is a kilo of chicken?
Magkano ang isang dosena? – How much is a dozen?
Magkano ang isang dosenang itlog? – How much is a dozen eggs?
Magkano dito?/Magkano ito? – How much here?/How much is this?
magkapatid – brothers and sisters
magkapitbahay – neighbors
magkasama – companion
magkasama – to be together
magkatambakan – above one's head
magkita na lang tayo bukas – we'll meet again tomorrow
magkita tayo muli – let's see each other again
magdilig – to water plants
mag-gisa/igisa – sauté
maghanda – to prepare
maghatid ng kasaganaan – to bring wealth
maghiwa/hiwain – slice or cut into pieces
maghugas – to wash
mag-ina – mother and child
maginoo – gentlemanly
maglaba – to do laundry
maglaga/ilaga – boi
maglakad sa dagat – walk on the beach
maglakbay – to travel
maglaro – to play
maglaro ng holen – play with marbles
maglaro ng madjong – play mahjong
magligpit – to put things away
maglinis – to clean
magluto – to cook
magmahalan – to love each other
magpa-abono – to have someone fertilize (plants)

magpa-alaga ng hayop – to have someone care for animals
magpa-ani – to have someone harvest (a crop)
magpabili – to have someone buy
magpahinga – to get a rest
magpahinga – to rest
magpalinis – to have someone clean
magpaluto – to have someone cook
magpatuyo – to dry something
magpinta – paint
magprito – to fry
magsabihan – to share with or tell each other
magsabog ng asin – throw salt
magsalu-salo – to get together
magsasaka/magbubukid – farmer
magsaya – to be happy
magtadtad/tadtarin – mince/chop
magtanim – to plant
magtanim ng bulaklak at mga gulay – plant flowers and vegetables
magtawagan – to call each other
magtinda – to sell
magtrabaho – to work
magtulungan – to help each other
mag-usap – to speak
magwalis – to sweep
mahal – expensive
mahal na bilihin – expensive goods
mahangin – windy
mahina – weak
mahirap – difficult or poor
mahusay – efficient
maingay – noisy
mainit – warm/hot
malakas – strong
malaki – big
malaking selebrasyon – big celebration
Malapit ba ang bahay mo sa kalye Rosas? – Is your house close to Rosas Street?
malas – bad luck
malaya – free
malinis – clean

malungkot – sad
malupit – cruel
malusog – healthy
Mama, diyan lang ako sa Makati. – Mister, (I) am just going to Makati.
Mama, parang ang bilis yata ng metro mo. – Mister, it seems that your taxi meter is moving too fast.
mamamayan – citizens
mamaya na – later
mambabatas – lawmaker
manahi ng mga damit – sew clothes
mangangalakal – businessperson
mangkok – bowl
mangkukulam – witch
mangga – mango
manok – chicken
manood ng sine – watch television
mansanas – apple
mantika – cooking oil
mapayapa – peaceful
marami – many
maraming regalo – many gifts
maraming salamat – thank you
maraming tao – many people
maraming trabaho – many jobs
Marso – March
Martes – Tuesday
marumi – dirty
masamang espiritu – bad spirits
masaya – happy
masipag – industrious
masisipag – hardworking
mataas na gusali – tall buildings
matagal – long time
matagumpay – successful
matalik na kaibigan – best/close friend
matalino – intelligent
matanda – old
matapang – brave
matapat – honest
matatag – not easily broken
matiyaga – patient
matrapik – lots of traffic

matulungin – helpful
mauna na ako – I will go ahead
maunlad – progressive
mausok – smoggy
May dagdag ba kung bibili ako ng isang daang piso? – Will you add extra (quantity) if I buy a hundred pesos worth (of this)?
May masasakyan bang taksi sa inyong lugar? – Are there any cabs in your area?
may pinag-aralan – educated
May panukli ka ba sa isang daang piso? – Do you have change for one hundred pesos?
mayaman – wealthy
maybahay – homemaker
Mayo – May
mensahe – message
mesa – table
mga kaibigan – friends
mga hayop – animals
mga trabaho sa siyudad – jobs in the city
minatamis – sweet food
miyembro ng pamilya – member of the family
Miyerkoles – Wednesday
mosque – mosque
Muslim – Muslim
nakarating – arrived
nakasimangot – pouting
nakikipagkuwentuhan – telling stories
nag-aalay – is/are offering
nag-aaral – is/are studying
nagbibilangan – counting
nagbibiro – joking
nagkakainan – eating together
nagkakantahan – singing together
nagdadasal – is/are praying
nag-iihaw – grilling
naglilihi – conceiving
nagmamano – the act of placing an older person's right hand on one's forehead
nagmamay-ari – belonging to

nagnonobena – is/are saying a novena
nagpalitan – exchanged
nagpaputok – lit fire crackers
nagsasayawan – dancing together
nagsisisi – repentant
nagtatag – founder
nagtitinda – selling
naiiba – different
namamalengke – shopping in the *palengke*
nanay – mother
nanood – watched
narito – here
nars – nurse
Nasaan ang Japanese restaurant? – Where is the Japanese restaurant?
Nasaan ang Manila Cathedral? – Where is the Manila Cathedral?
natinik ng buto ng isda – have a fish bone caught in ones' throat
ninang – godmother
ninong – godfather
nobenta – ninety
Nobyembre – November
Oktubre – October
OFW – overseas Filipino worker
opisina – office
otsenta – eighty
paano – how
Paano ba pumunta sa Batasan? – How do I get to the Legislature?
Paano ba pumunta sa Malakanyang? – How do I get to Malacañang?
Paano ba pumunta sa simbahan? – How do I get to the church?
pabrika – industrial buildings
pakainin – to invite someone to eat
pakainin sila – let them eat
Paki para na lang dyan sa kanto./Para sa kanto. – Please stop at the corner street.
Pakibaba ang metro. – Please turn on the taxi meter.
Paki-bagalan lang ang takbo, mama. – Mister, please slow down.

Pakibalot naman ang isda. – Please wrap the fish.
Paki-bilisan lang, mama, at may hinahabol ako. – Please speed up, mister, (I) am in a hurry.
pakikisama – getting along
Paki-hinaan lang ang aircon. – Please turn down the air-conditioning.
Pakihinaan lang ang radyo, mama. – Mister, please turn down the volume of your radio.
Paki-hintay lang ako dito sandali. – Please wait for me here for a moment.
Pakilagay naman ang mga gulay sa plastic. – Please put the vegetables in a plastic (bag).
Pakilagay naman sa bote ang mantika. – Please put the oil in the bottle.
Pakilagay naman sa plastic ang manok. – Please put the chicken in a plastic (bag).
Paki-timbang naman ang mga ito. – Please weigh these items.
padala – money remittance
pag-asa – hope
pagbabago – change
pagkakaibigan – friendship
pagkakaisa – unity
pagkakataon – opportunity
pagkain – food
pagkamalikhain – creativeness
pagkawala ng suwerte – departure of good luck
paggawa ng batas – law making
paglalaro ng basketbol – playing basketball
paglilihi – the act of conception
pagmamahal sa pamilya – love of family
pagmano – blessing acquired by placing an elder's hand on one's forehead
pagmumukha – your face
pagod – tired
pagtuturo – teaching
Pahingi naman ng supot. – Please give me a bag.
palagi – all the time
palay – unhusked rice
palayan – rice field
palayok – wok
paligid – surroundings
pamahalaan – government
pamahiin – superstitions
pamamahala – governance
pamilya – family
paminta – black pepper
panahon – time/season
panalangin – prayers
pananakop – colonization
pananampalataya – faith
pandesal – a type of sweet bread
pangalawang pangulo – vice president
panganay – eldest
panganganak – the act of giving birth
pangulo – president/head official
pangungumpisal – confession
pangyayari – events
paniniwala – beliefs
panonood ng sine – watching television
pansit – noodles
Papaano ba pumunta sa iyong opisina? – How does one get to your office?
papasukin ang biyaya – bestowal of blessings
papaya – papaya
Papunta ako sa Quezon City. – (I) am going to Quezon City.
pari – priest
parusa – punishment
Pasko – Christmas
pasukan – a time for school
patatas – potato
patay – dead
patis – fish sauce
patulis ang hugis – pointed shape
Pebrero – February
pera – money
pinakbet – vegetables cooked in tomatoes and fermented fish
pinagawayan – in conflict with

pinsan – cousins
pinya – pineapple
pista – festival
pistahan – time for a festival
pitpitin – crush
plato – plate
polusyon – pollution
pritong isda – fried fish
probinsiya/lalawigan – province
problema – problem
Protestante – Protestant
pulis – police
pulitika – politics
pulo – island
pumasok – to enter/to go to work or school
pumasok kayo – you all come in
pumili – to choose
pumunta – go
pumunta sa bahay – to visit the house
puno – tree
puwede/maaari – can/may
rebolusyon – revolution
repolyo – cabbage
Sa EDSA na tayo dumaan papuntang Quezon City. – Let's take the EDSA route that goes to Quezon City.
sa ginhawa – in good times
sa hirap – in difficult times
Sa inyo na po ang sukli. – Keep the change.
Sa paanong paraan? – In what way?
saan – where
Saan ang pinaka-malapit na tindahan? – Where is the nearest store located?
Saan ba ang pinakamagandang mall dito? – Where is the best mall here?
Saan banda ang kalye Malvar? – Where is Malvar Street?
Saan malapit ang opisina mo? – What is your office close to?
Saan mo ipinarada ang kotse ko? – Where did you park my car?
Saan nakaparada ang mga taksi? – Where is the waiting area for taxis?

Saan pwedeng pumarada? – Where can we park?
saan/nasaan – where
Sabado – Saturday
sabungan – cockfighting
sakit – illness
saging – banana
sahig – floor
sala – living room
salamat sa Diyos – Thank God!
salu-salo – get-together
sama ng loob – ill feelings
samantalahin – take advantage of
sama-sama – togetherness
sampagita – a sampaguita flower
sandali lang – just a moment
sangkap – ingredients (for food)
santo – saint
sardinas – sardines
sariwa – fresh
Sariwa ba ito? – Is this fresh?
sasakyan – something to ride on
Sayang! – What a loss/pity!
sayawan – dancing
sekretarya – secretary
selebrasyon – celebration
senado – senate
senador – senator
Setyembre – September
sibuyas – onion
Sige na! -- Get going!
siguro – maybe
simbahan – church
simple – simple
sinangag – fried rice
sinigang – a dish consisting of meat or fish cooked in sour soup
sino – who
sinungaling – dishonest
sipon – common cold/congestion
sitaw – long/string beans
sopa – couch
sopas – soup

sorbetes – ice cream
suka – vinegar
suki – regular customer
sukli – change (money)
sulat – letter
sulatan – something to write on
sumakay – to ride
sumasayad ang nguso sa lupa – idiomatic expression for long face
sumulat – to write
surot – fleas
suwerte – good luck
tagabili – a person to buys frequently
tagadala – a person who brings (a thing) frequently
tagalaba – a person who does laundry frequently
tagaluto – a person who cooks frequently
tag-araw – summer
tagaturo – a person who teaches frequently
taghirap – a time of (economic) difficulty
taglagas – fall
taglamig – winter
tagsibol – spring
tagtuyot – dry season
tag-ulan – rainy season
tahanan – home
tahimik – peaceful
talong – eggplant
Tama na! – It is enough!
Tama! – Right!/That's correct!
taniman – a time for planting
taon – year
tatay – father
Tayo na! – Let us go!
Teka lang! – Wait a moment!
telebisyon – television
templo – temple
tiangge – sale goods

tikim – taste
tinapay – bread
tindahan – store
tingi – small portion
tinidor – fork
tita – aunt
tito – uncle
tiyaga – hardwork
torta – omelet
Totoo ba? – Is it true?
toyo – soy sauce
trabaho – employment
trabaho sa gobyerno – government job
trabaho sa opisina – office work
trabaho sa pabrika – industrial job
trabaho sa pribadong ahensiya – job with a private agency/company
trak – truck
tsismis – gossip
tulong-tulong – helping together
Tumahimik kayo! – Be quiet!
tumatawad – bargaining
tumawag – to call
tumulong – to help
tumuloy – to come in
tuyo – dried fish
ube – purple yam
ubo – cough
umakyat – went up
umalis – to leave
umuwi – to go home
upuan – chair
utang – debt
utang na loob – debt of gratitude
wala – the absence of something
Wala na bang tawad? – No more discount?
walang trabaho – absence of employment
yaya – nanny

www.ingramcontent.com/pod-product-compliance
Lightning Source LLC
Chambersburg PA
CBHW081418230426
43668CB00016B/2281